天下文化
BELIEVE IN READING

謹以此書

敬獻給

我的恩師——星雲大師

他教會我用慈悲關懷眾生，以智慧度化有情

他引領我走在成佛的道路上，領略菩薩道冷暖的風景

愛我的父母家人

他們用愛灌溉我的成長，教會我堂堂正正做人

他們成就我出家，護持我走在弘法的道路上

提攜我的師長與同參道友

他們幫助我、啟迪我

開發我的思維向度，給我無限的溫暖

以及一切成就我、鞭策我、提拔我、批評我、鼓勵我

包容我的一切眾生

願以此書

報答四重恩，利樂一切有情

圖為「佛光山第九任住持晉山陞座法會暨臨濟宗第四十九代傳法大典」。2013 年，星雲大師親自傳授 72 位法子，為佛光山第二代、也是臨濟宗第四十九代弟子，身兼繼承臨濟宗法脈與弘揚佛光山人間佛教的雙重使命。

1998 年，星雲大師在菩提伽耶菩提場傳授「國際三壇大戒暨在家三皈五戒」，恢復印度及南傳佛教比丘尼教團的戒法。受戒的比丘尼首即為覺培法師，比丘首則為慧顯法師。

弘法座中，覺培法師常伴大師左右，自然流露師徒間深厚的默契與信任。

佛光山「藏經樓」建設期間，覺培法師只要從台北回山，總會陪大師一起到施工現場關心工程進度。

上｜在綠意環繞的小徑上，星雲大師在弟子陪伴下出行，笑語中流露出師徒間的深厚情誼。

下｜ 2010 年，弟子們陪同星雲大師到電視台錄製《沈春華 Life Show》。

上｜星雲大師說：「宗長的交替，是法脈的傳承。提拔後進，才能與時俱進，教團才能生生不息。樹立典範，燈燈相傳，歷久彌新；法脈傳承，生生不息，萬古長青。」圖為 2013 年「第九屆住持晉山陞座典禮」。
下｜第九屆當選之宗務委員的宣誓典禮。

2006 年 3 月，星雲大師於嶽麓書院講堂開講「千年論壇」。

2007 年 4 月 12 日，參觀北山石窟，星雲大師題字「佛滿人間」。

人間佛教讀書會執行長覺培法師在星雲大師親自指導下，於全球各地成立兩千多個讀書會，並與台灣「PHP 素直友會」及「天下遠見讀書俱樂部」結為盟友，攜手推動「生活書香化」的目標。

2011 年南區全民閱讀博覽會「環保與心保」在佛光山盛大舉行。

2013 年於三峽金光明寺舉辦的全民閱讀博覽會，可以看到民眾熱烈參與。

上｜2006 年，星雲大師與天主教樞機主教單國璽，以「當基督遇見佛陀－慈悲與愛」為題展開對談。

下｜星雲大師與單國璽樞機之間跨宗教的深厚情誼，為台灣宗教融合樹立了珍貴典範。

上｜ 2005 年，星雲大師與單國璽樞機攜手號召各宗教，共同舉辦音樂會，祈願「世界和平，人民幸福安樂」。

下｜ 2011 年，3 萬人齊聚佛陀紀念館的菩提廣場，共同參與「愛與和平宗教祈福大會」，14 位宗教領袖攜信眾同聲祈願愛與和平。

2009 年起，佛光山與佛光會連續六年在總統府前舉辦「國定佛誕節暨母親節大會」。千僧萬眾祝佛誕，一心十願報母恩。

上｜ 2013 國定佛誕節，在凱道舉辦浴佛大典，當天適逢陰雨天氣。圖中可見覺培法師神情凝重，展現主事者在盛會背後所承受的壓力與責任。

下｜ 2014 年 5 月 11 日，國定佛誕節暨母親節慶祝大典。

上｜ 2014 年 2 月 22 日，國際佛光會中華總會首度在台北田徑場舉辦「北區禪淨共修祈福法會」，眾人一同點亮心燈，祈求國泰民安，風調雨順。

下｜ 2014 年，桃竹苗區協會擴大舉行「禪淨共修祈福法會」，上萬人一同在桃園巨蛋獻燈祈福。

2013 年，佛光山與佛光會在林口體育館舉行「北區禪淨密三修法會」，以共修的力量，凝聚善心願力，為全民祈福。

上｜自 1993 年迄今，每年舉辦全國教師生命教育研習營，幫助教育工作者探索生命教育的新視野。

下｜ 2009 年創立「星雲真善美新聞貢獻獎」，鼓勵媒體擔負淨化心靈的社會責任。

2018 年佛光之美攝影比賽得獎作品，傳達了星雲大師對平等慈悲的教育。

上｜ 2015 年 8 月 9 日，中華人間佛教聯合總會於金光明寺舉行成立大會，近 500 人齊聚一堂，共同見證歷史性的一刻。

下｜坐落於三峽的佛光山金光明寺在經過整體的修繕與施工後，榮獲國家建築獎「公共建設優質獎—宗教建築組」，由前副總統呂秀蓮頒獎給金光明寺住持覺培法師。

自 2016 年起，金光明寺每年舉辦「寒冬送暖音樂饗宴」，不只提供物資給弱勢家庭，也讓他們有機會享受到「國家音樂廳」等級的音樂饗宴。

上｜南非南華寺在星雲大師的指示下，於 2014 年成立天龍隊，協助偏鄉貧困家庭女子翻轉生命。2018 年，天龍隊女生隨佛光會參與聯合國婦女會議，以流利英語分享自己如何在佛光會的幫助下翻轉生命，並帶來精采的歌舞演出，驚豔全場。
下｜天龍隊除了有金剛舞、非洲鼓等藝術課程，還安排電腦、中文等學科，期望給予學員多元學習和發展的機會。

2003 年，覺誠法師在巴西如來寺開展「佛光山如來之子教育計畫」，為貧童提供食物，幫助他們上學，為他們組足球隊，還送他們到台灣的南華大學、佛光大學進修。迄今已幫助數千名巴西貧童接受教育，長大後成為各領域人才，改變了自己的命運。

2001 年，為幫助緬甸北部密支那的學生有良好的讀書環境，星雲大師囑咐覺培法師由國際佛光會中華總會負責重建育成學校的校舍與餐廳，並提供讀書教材與學生營養午餐。

2009 年，國際佛光會中華總會與中國佛教協會、香港佛教聯合會、中華宗教文化交流協會，共同舉辦第二屆世界佛教論壇。閉幕典禮在台北小巨蛋盛大舉行，來自全球各地的佛教代表共同祈願世界和諧。

2012 年，覺培法師受邀出席博鰲亞洲論壇，是首位登壇發言的比丘尼。

佛光會自 2018 年起取得聯合國婦女地位委員會（CSW）平行會議發表權，分享佛光會於全球為婦女及兒童所進行的平權教育成果。上圖左起：滿謙法師、覺培法師、永固法師、覺誠法師。

上｜2023 年，覺培法師（左）與覺誠法師（右）至杜拜參與聯合國氣候變化綱要公約締約方第 28 次會議（COP28）。

下｜覺培法師與覺誠法師接受 COP28 媒體記者採訪後，與記者合影。

2023 年 3 月，中華人間佛教聯合總會首度共組代表團赴梵蒂岡訪問，教宗方濟各以最高禮遇親迎接見。致贈佛光山大慈育幼院孩童所製作的教宗藝術肖像時，由國際佛光會祕書長覺培法師以西班牙語直接和教宗分享作品的故事，並邀請教宗與佛教訪問團一起為世界和平默禱。。

2025 年，中華人間佛教聯合總會至韓國三大名寺之一、有佛寶之稱的通度寺訪問，照相時保持比丘及在家居士在東單、比丘尼在西單的排法，以彰顯四眾弟子的平等性。

浩浩師恩
星雲大師的慈悲與願行

覺培法師——著

目次

首篇　佛說的

次篇　人要的

中篇　淨化的

終篇　善美的

出版者的話——我們都是「浩浩師恩」下的得益者

覺培法師追隨星雲大師的體悟

高希均．王力行／遠見天下文化事業群創辦人

大師離家當和尚，十二歲；
離開家鄉到台灣，二十二歲；
創建佛光山，四十歲；
離開人世，九十七歲。
大師一生：改革了佛教，改善了人心，改變了世界。

——二〇二三年二月六日於大師圓寂後

一九八九年二月，從未見過面的大師出現在松江路遠見．天下文化簡樸的辦公室裡，使我們受寵若驚；但大師的親切與平易近人，立刻使我們如沐春風。那一刻起我們就產生了亦師亦友的情誼。

《遠見》雜誌促成了我們進一步交往的因緣。一九八九年三月，大師第一次從大陸訪問回來，邀他在台北演講。我們第一次親身感受到大師的魅力。兩千人的大廳居然擠得水洩不通，大師做了動人的、應當是四十多年來台灣首次出現對「大陸行」所做的公開演講，大師創下了歷史。

從那次以後，大師變成了《遠見》的專欄作家、書的作者及傳主。他的文章及文集受到廣大讀者的肯定。

大師的核心力量就是永不休止地散布慈悲、展現智慧。因此大師的一言一行在海內外就激起了浪花，掀起了風潮，引發了熱情，創造了無處不在的人間紅利。

大師的影響超越了台灣，大師的光輝跨越了宗教，大師的貢獻飛越了時空。

近年來大師屢屢告訴信徒：「我來世還要做和尚，我做得不夠好。」

＊＊＊

大師走了，這個世界變得寂寞了，但近日覺培法師撰述的完整近距離追隨大師的記錄《浩浩師恩》新書出版，這使我們與大師再一次地靠近。

在這本三百多頁的書裡，我們看到了一位既溫暖又堅毅的大師。他走過亂世，穿越誤解，從無到有，建立了超過三百座道場、五所大學，推動文化、教育、慈善與修行四大宗旨。他讓佛教從山門走向人群，讓信仰從誦經拜懺轉化為讀書與行動的力量。他相信：佛法，不是為了來世，而是為了當下；不是關在殿堂，而是活在人間。

作者覺培法師，長年在星雲大師身邊承擔各項重大任務的執行，曾為各種活動奔波，參與了各種文化、教育與跨宗教的實務推動，也一再經歷挫折與自我質疑。在這段與大師學習的漫長歲月裡，他從一位「想逃離繁瑣事務的年輕僧人」，成長為願意承擔重任、以群體為念的弘法人。這一切轉變的背後，是來自星雲大師一次次看似平淡，卻充滿智慧的提點與身教。

二〇一六年，遠見高峰會邀請星雲大師主講「共識與開放」，大師臨時因健康因素不克出席，由覺培法師代表發言。這樣的安排，展現了大師對覺培法師的信任。覺培法師面對數百位企業與各界領袖，在演講中所闡述的「共識與開放」，可說是一鳴驚人。他呼應了大師一貫的思想主軸，也以平實理性、具時代感的語言，連結當代青年、宗教發展與多元社會的挑戰與轉機，贏得了全場熱烈的掌聲。

我們心中特別興奮：大師身邊又多了一位新一代弘法者，可以慢慢傳遞及承擔人間佛教的精神與責任。從那一次的臨危授命裡，我們深切感受到了覺培法師的聰慧與承擔。

覺培法師書寫《浩浩師恩》，文字流暢，內容增加了我們對星雲大師的理解，書中具體而微地展現了「傳承」的意義。

鑑真大師曾言：「為佛教也，何惜生命。」這句話貼切地映照了星雲大師畢生的願行與奉獻。這份精神，不只體現在言語中，更透過制度、團隊與行動被一代代傳遞下來。真正的傳承，不在於話語的重複，而在於後人是否能延續其志，走上同一條願行之路。

書中有一段話，我們特別難忘：「出家人自己都不會，怎麼領眾？以後佛教就漸漸沒落，這是你要的嗎？」這是慈容長老對覺培法師的當頭棒喝，也是一段佛教史的提醒：制度比人情重要。星雲大師的與眾不同，是他為後人鋪好制度、樹立交棒的勇氣，以及培養團隊的世代視野。

本書呈現了覺培法師對星雲大師的情感紀錄，也記錄一位領受者如何理解、消化與實踐所受教誨的過程。尤其在宗教世代更替、信仰轉型的當下，這樣的紀錄就顯得格外珍貴。

「天下文化」有這難得的緣分出版這本書，是表達我們對大師提倡人間佛教及精神傳承的心意。願每一位讀者都能從中找到屬於自己的「信」與「行」，在不確定的時代中，看見精神的穩定依據與前行的方向。

覺培法師《浩浩師恩》的貢獻，幫助讀者使星雲大師的慈悲與願行，逐漸融入於我們生活之中。

代序——我眼中的覺培法師

星雲大師／佛光山開山宗長、國際佛光會創辦人

覺培，出生於台灣羅東。十七歲就移民到阿根廷，在僑界是出了名的樂善好施、熱心助人的活菩薩，平常也帶領很多年輕朋友學佛。

他和我的因緣，是在一九九六年，國際佛光會世界會員代表大會在法國巴黎舉行，當時，在南美弘法的弟子覺誠，說要帶一位畢業於阿根廷布宜諾斯艾利斯大學建築系、年輕有為的企業家來見我，當時他一見到我，就問我能不能請教有關佛教的各種問題，解除他對人生、對佛教的許多疑惑，我欣然說好，也邀請他在西班牙為我擔任西文翻譯。

想不到這一路近三個星期的歐洲弘法旅程，他竟然連續問了我無數的問題，我自然來者不拒、不厭其煩地回答他；他在為我翻譯時，一些艱深的佛教名相，

如「色即是空，空即是色」，他都很巧妙地跳了過去，我雖然聽不懂西班牙文，但是自然就知道他漏掉這些重要的翻譯，他對我這一點，也是很佩服的。我看他與佛有緣，問他肯不肯跟我回台灣就讀南華大學研究所，他很有善根，一個月後，結束他在阿根廷的事業，真的就回來台灣找我了。

隔年，他毅然決定在佛光山隨我披剃出家，並在印度菩提迦耶受三壇大戒。我知道他曾經參學許多道場，就問他：「為什麼選擇在佛光山出家？」他回答說：「在人間佛教的菩薩道場，才是真正淬鍊修道的地方。」

覺培出家後，先在禪堂學習，後來派到佛學院教書四年，除了養成僧格，也讓他了解叢林的生活作息，能對佛光山的人事物有所了解。從西方開放社會，到東方傳統的叢林寺院的生活，我想，這對他而言是很大的轉變，很不容易的，但是，他因為認同我人間佛教的理念，以及他與生俱來的菩薩性格，就這樣接受、堅持下來了。

二〇〇二年，我為了鼓勵佛教徒讀書，從澳洲弘法回台後，便成立「人間佛教讀書會」，責成覺培擔任執行長。他在短短兩年時間，便成立兩千多個讀書會，帶動佛光人閱讀風氣。在他的帶動之下，過去不讀書的佛教徒，也開始成為愛書人了。二〇〇五年受到常住大眾的肯定，當選佛光山宗委。

同年，覺培兼任佛光會中華總會的祕書長，他鼓勵「佛光三好人家」的信仰傳承，推動分會精緻化，落實組織分層負責，使得會員人數增加，達到五百個分會。為了提升會員對佛法的認知，結合人間佛教讀書會，巡迴舉辦「經典與人生研討會」，以《普門學報》、佛教經典及佛光山各類出版著作為教材，增長了會員對學佛的信心。

此外，有鑑於時下許多青少年的觀念偏差，覺培與多位老師巧思設計，在各級學校推動「生命教育的十堂課」，讓培訓的佛光會講師群進入校園宣講，平均每年超過二十萬名學生因聆聽佛法改變觀念而受益。

二〇〇九年起，佛光山聯合佛教界在總統府前凱達格蘭大道上舉辦「慶祝國定佛誕節暨母親節大會」，他也順利達成目標，每年都有十萬人以上參加，總統馬英九、五大院會長，以及來自聯合國和世界各地的大使和佳賓都參與這個盛會。甚至馬總統還同我一起帶領全民宣誓「三好運動」。

覺培的性格很有開拓性，在大陸人民出版社發行的《獻給旅行者365日——中華文化佛教寶典》就是他去接洽的，他對人間佛教也有深刻的體悟，因此多次應邀在台灣大學、北京師範大學、山東大學、香港大學等高等學府講學，也代表中華民國出席「博鰲亞洲論壇」，成為第一位受邀赴該會演講的比丘尼，帶動許多知識份子、政府官員認識人間佛教。

現在覺培同時還擔任台北金光明寺的住持，他樂觀歡喜、廣結善緣的行動力，結合社區、教育、展覽等各種弘法因緣，短短一年就帶動金光明寺生機蓬勃的發展。未來也將承擔起人間佛教研究院院長一職，期盼他帶領大家，培養人才，共同將人間佛教遍灑各地。在佛光山中青代的徒眾中，覺培可以說是優秀傑出的弘法者。

（本文原刊於《星雲大師全集》第九類「佛光山系列」三一四《話說佛光山4》，頁一三五。）

推薦序——

在慈悲與實踐中見證菩提願行

心保和尚／佛光山宗長

《浩浩師恩：星雲大師的慈悲與願行》看出覺培法師以誠摯情感，為師恩立碑、為佛教留下歷史。此書不僅為紀念大師而寫，更是一位弟子以自身的生命歷程寫出對人間佛教的體會。

覺培法師出家因緣源於對生命本質的探尋，進而邂逅星雲大師，從山林苦行的嚮往，轉向人間佛教的實踐；從自我解脫的探問，轉為利益眾生的悲願。在本書中，讀者可見一位求法者如何在「不忍眾生苦」的教誨中，逐步承擔起佛教的重擔，從佛光山叢林學院、「人間佛教讀書會」、「國際佛光會」，到「金光明寺」、「人間佛教研究院」，乃至「中華人間佛教聯合總會」等各崗位，步步踏實、處處回應大師的教化。在佛光山各大弘法事業中殫精竭慮，無論是參與制度建設、推動人才培訓，或是文化推廣、社會關懷，他始終以佛法為本，貫徹星雲大師「給人信心、給人歡喜、給人希望、給人方便」的理念。書中諸多篇章，不僅記錄了歷史，更呈現佛弟子如何將信仰化為行動，將理念落實於人間。

尤其在「中華人間佛教聯合總會」的成立與運作中，他勇於承擔，積極促進教內共識、宗派合作，皆見其以法為師、以道為命的堅定信念。這正是大師所期許的「菩薩在人間」，不是空談理想，而是行於實地、發於真誠的實踐者。

大師曾言：「弘法利生本在僧。」覺培法師正以文字為舟、願行為帆，將星雲大師的人間佛教理念續航於當代。誠摯推薦此書予所有關心佛教未來者、願於人間行菩薩道者。願大師悲願長流，願更多其弟子續佛慧命。

推薦序——一位弟子的書寫與承擔

慈容法師／國際佛光會署理會長

佛教的傳承，不僅靠經藏文字的留傳，更有賴弟子以身實踐、以筆記錄，將師志道風延續不絕。《浩浩師恩：星雲大師的慈悲與願行》一書，即是一位近身弟子對師父最深的懷念與最真的回報。

覺培法師筆下的星雲大師，既是教導他出家修行的宗師，更是引領他開展弘法事業的導航者。書中每一章節，無論是對佛光山制度改革的回憶、對大師教育理念的踐行、對人間佛教的弘揚，皆融入他多年以來的實踐歷程。讀者讀此書，不只是在了解大師其人其行，更是在見證一位弟子如何將所受教誨，內化成為一生奉行不渝的使命。

從佛學院教育的規畫，到人間佛教讀書會的推動；從佛光會的幹部培訓，到中華人間佛教聯合總會的創建與整合；覺培法師所承擔的，絕非輕任。但他始終抱持一顆「以眾為我」的初心，堅持在人間最需要的地方行佛，這正是大師生前對弟子的期許——「要在人間行菩薩道」。

特別動人者，是書中所記大師教導「不要做呷教的出家人」，以及「給人就是修行」的精神哲學。覺培法師一以貫之地在各地創辦讀書會、推動佛光會的各種教育培訓，並以慈悲、柔和、堅定之心，感召各界菩薩同願同行。書中所述，不僅是個人修行的歷程，也是佛光山精神的傳承者所展現的菩薩行履。

佛光會是一個廣大的弘法平台，而覺培法師正是走入人群、堅持理念的實踐者。此書不僅是他為師父寫下的見證，也是他為佛教、為大眾留下的智慧寶藏。願讀者從本書中，感受到星雲大師的浩浩恩澤，也學習到一位出家弟子的信仰力行與弘願堅持。

推薦序——以願為舟，以行為楫

依空法師／佛光山文化院院長

佛陀在《四十二章經》說：「飯惡人百，不如飯一善人。飯善人千，不如飯一持五戒者。……飯百億辟支佛，不如飯一三世諸佛。」表示人才難得，尤其有德有才、有修有證的佛門龍象，更是珍貴。戰國時期齊孟嘗君有食客三千，靠馮諼為他在薛地買義，得民心擁戴，後為齊相數十年，免禍無災，真所謂「千軍易得，一將難求」。我所認識的覺培法師，不管從秉賦、學養、修持、發心、功德觀之，不僅是佛光山之光，更是佛教之光！

覺培法師家世良好，父親是專業的會計師，哥哥是企業家，姊姊是音樂家，妹妹精於語言，辦有語言學校，為台灣作育外語人才。父母非常重視孩子的教育，舉家移民阿根廷，覺培法師於該國首屈一指的布宜諾斯艾利斯大學建築系完成學業後，又研修了南華大學比較宗教研究所，他曾兩度以流利的西班牙語和剛剛過世的梵蒂岡天主教教宗方濟各對話。父親王德旺老菩薩從小就培養孩子的國際觀，拓展他們開闊的視野，全家更是虔誠的佛教徒，標準的佛化家庭、三好人家。大哥王任誼是國際佛光會世界總會的理事，不遺餘力護持佛光山、佛光會。

覺培法師身上有其特殊的人格特質。他非常好學，《論語》描寫孔子入太廟每事問，年輕時候的覺培法師就像孔子一樣，滿懷對生命的疑惑，他效法善財五十三參，足履踏遍叢林道場，最後終於在星雲大師座下找到了靈山。覺培法師講話語調輕柔，態度謙和，但是柔中帶剛，威武不能屈，敢於向強權說不。他善於溝通，複雜的兩岸往來、教界交流，他都能不卑不亢地完成工作，賓主盡歡。對於無理的責難、難堪的斥詈，他以「諸法無我」的觀照，雲淡風輕地放下，這固然是他個人深刻體悟忍辱波羅蜜的三昧智慧，更得力於原生家庭的教養，以及本性的淳厚善良。

他勇猛精進，直下承擔許多不可能的任務。星雲大師要他去辦「讀書會」的工作，他可以把一個無人無錢的冷門單位，從無到有轟轟烈烈地發展成為橫跨五大洲、兩千多個讀書會，同時一次兩千多人一起讀書的組織，努力落實星雲大師書香滿人間的心願。大師叮囑他除了要為佛光山把佛法推展出去，更要為整個佛教界服務奉獻，整合佛教的力量。「中華人間佛教聯合總會」於焉成立，覺培法師擔任祕書長，舉辦各種交流活動、研討會議。譬如參訪泰國、緬甸等南傳上座部，促成南北傳佛教的互動。數度至中國大陸寺院巡禮，走遍了中國佛教六大宗派祖庭——華嚴宗華嚴寺、律宗淨業寺、三論宗草堂寺、唯識宗大慈恩寺、淨土宗香積寺、密宗大興善寺；並且跟著祖師去參禪，從初祖的少林寺行腳至六祖南華禪寺，完成了深度的「禪宗之旅」。後來更將流落於世界各地的三十餘尊佛首、羅漢像轉贈於大陸國家博物館，瞻仰中國佛教第一座石窟大同雲岡，拜訪山西重要的寺院。尤其殊勝的是，中國佛教協會和人間佛教聯合總會聯袂拜訪日本佛教各大宗派，促進彼此的往來。在宗派意識型態非常強烈的日本佛教界，各宗派之間在正式的重要場合，恪守宗風，互不同台，這次為了接待「中華漢傳佛教訪日團」，各宗派系捐棄意識成見，搭起友誼的橋梁，展現東道主的熱忱。

二〇二三年三月，人間佛教聯合總會一行在覺培法師帶領祕書處同仁精心擘畫之下，遠赴歐洲梵蒂岡去拜訪天主教教宗方濟各，做跨國跨宗教的交流。在俄烏戰爭漫天烽火的慘烈狀況之下，佛教與天主教攜手，共同為世界的和平做摯誠的祈福，這是曠世紀的宗教偉大融合！

覺培法師為人謙沖有禮，做了一堆大事卻功而不居。大師要他接「人間佛教研究院院長」職務，不到幾個月他馬上成立上百個書院，將大師文章分類編纂百冊小叢書《幸福百法》；一年後請他下台，他依教奉行，欣然接受，能上能下，毫不眷戀。他傳承大師「給」的精神，樂於布施，照顧同參，給予更上一層樓的進步機會。他恭敬長輩，對老父親的健康照護極為用心，對師門兄長孝悌友愛，縱然受到嚴厲的斥責，也能心無芥蒂。

他悲天憫人，心懷眾生。二〇二一年當新冠病毒肆虐，台灣人民死亡人數劇增，民間卻遲遲買不到疫苗，他奮而提筆做獅子吼，投書《聯合報》，寫下〈請政府但念蒼生之苦〉一文，開啟台灣社會關心請購疫苗的嚴峻問題。他運籌帷幄，搬有運無，為疫情嚴重的地區提供口罩、快篩劑、消毒防疫門等各種必需藥品，真正做到「無緣大慈，同體大悲」、慈悲無國界的精神。覺培法師穠纖合度的身軀裡，住著一位勇猛威武、應世無畏的金剛菩薩，剛柔並濟，處事圓融。

覺培法師是個充滿好奇心、學習動力十足的人，創意無限。他同時可以執行多項開創性的活動，像個陀螺旋轉不停，他以願為舟，以行為楫，願心廣大，行佛踏實。《大寶積經》說菩薩要發精進心：「常做佛事，永不休息。」但是佛陀在八正道中揭櫫：「正精進」，如琴弦不鬆不緊才是正精進，懈怠是精進的敵人，但是適當必要的休息是為了走更遠的路，才合乎中道。他把色身用到極限，蠟燭頭、足、身三頭燒，照亮了別人，獨獨忘記了自己。精進是他的優點，也是他致命的盲點。他不僅是常精進菩薩，更是不休息菩薩。最近他將親近大師的因緣，以及多年來的工作成果，寫成專書《浩浩師恩：星雲大師的慈悲與願行》，他文字優美、思緒清晰、內容豐富，富有文字般若之美，是個被行政工作耽誤的書寫好手。盼望多年，千呼萬喚始出來。付梓在即，略述其人一二事蹟，以饗讀者。

推薦序——流轉人生，願行無盡

簡靜惠／台灣PHP素直友會總會長

在新冠末期，二〇二四年的五月間，覺培法師帶著金光明寺的師父們來淡水家看我，說：「我們是來唱歌給老師聽的！」當場在覺培法師指揮下，師父們就唱起了這首〈流轉〉。

〈流轉〉　詞／星雲大師　曲／石青如

生存於是非不清的邊緣
熟悉於顛倒黑白的世界
如實自性　依舊　清心如水
遇山水轉　遇石水轉

遇岸水轉　遇舟水轉
人生旅途何妨委屈婉轉
流出自我　轉出自性
流轉出自我人生的海洋

好美的歌聲！那是我第一次聽到《流轉》這首歌曲，不僅曲調好，歌詞含義更深。

師父們的和聲太美了！
我連靈魂都被震懾住了！
我覺得我的病已完全好了！

用《流轉》來為覺培法師的新書寫介紹，應該也恰當。這首歌可以用在人生的各種景況。與覺培法師及佛光山結緣，始於讀書會的創辦，我也因著讀書會因緣而進入佛光山，拜見星雲大師開始學佛，而覺培法師更因著佛光山人間佛教讀書會的創立開展，帶領信眾成就星雲大師的理念：

讀做一個人，讀明一點理，

讀悟一點緣，讀懂一顆心。

而今看到覺培法師的新書──《浩浩師恩》，更加明白：佛光山的每一位師父都如星雲大師的化身，走入人間、散布慈悲喜捨的精神！

覺培法師更以《浩浩師恩》寫下學佛、行佛、念佛的心路歷程與生涯。

覺培法師的認真與學習踐行的精神值得我學習！我珍惜與覺培法師的相知、相契、相合。

恭喜覺培法師的新書出版！

推薦序——星雲大師的慈悲，是這個時代最好的藥方

洪蘭／中央大學認知神經科學研究所講座教授

一九七五年夏，我第一次偕外子去高雄旗山拜見公婆。那時還沒有高鐵，我們先坐火車，再從台南的關廟轉客運，一路顛簸了一個半小時才到旗山。下車時，我已暈得東南西北不分，生長在台北市的我，無法想像台灣竟還有如此偏僻的地方。第二天，婆母帶我去佛光山禮佛，我才見識到竟還有更偏僻的地方。

佛光山在一個荒涼的山坡上，當我們氣喘噓噓爬上去時，見到一群師父戴著斗笠，在烈日下搬運泥沙，經過時，他們都停下來，雙手合十跟我們問訊。臉雖然被晒得通紅，卻沒有任何不悅或抱怨的表情，甚至可以說是「甘之如飴」，這個表情只有在從事自己理想的人臉上才看得到。我心想，佛光山的住持究竟是誰呀？怎麼這麼有魅力啊？

一九九二年回台灣教書後，我有很多機緣再去佛光山，那時景象已經完全不同了，它已經成為觀光勝地，每天有許多遊覽車載著信徒來參拜，但我仍然看到戴著斗笠在出坡的師父，身體力行地實踐佛光山的理念。那時我正好在中正大學開了一門「廣告心理學」的課，需要了解領導人的特質。我想知道為什麼星雲大師能受到男女老少，不分種族、年齡和省籍的尊敬，無怨無悔地追隨他。我更想了解佛光山的理念，為什麼能在短短幾十年間，佛光普照，全世界各地都有佛光山的道場和信徒。

這兩個為什麼，在覺培法師這本《浩浩師恩：星雲大師的慈悲與願行》書中得到了解答。原來，大師在舉手投足間，不知不覺地把佛教慈悲無我的精神發揮得淋漓盡致，得到了眾人的讚賞，甚至得到其他宗教的尊敬。這是非常難得的，因為許多宗教都有排他性，但星雲大師的人間佛教沒有。大師甚至把自己蓋佛光山急需的錢捐去給花蓮的門諾醫院，因為花東的老百姓更需要門諾的醫療照顧。大師的許多無私兼愛事跡，若不是覺培法師寫出來，我們都不知道。這種為善不欲人知的善，才是真正的善。

今年四月份《遠見》雜誌的調查發現，台灣現在很多人感到痛苦，雖然物質很豐裕。但精神很空虛，抑鬱、沮喪的病號大增。其實這時大師的入世佛教就是最好的幫助，比任何藥物都能發揮作用，大師的佛教是人間佛教，是在生活中修行的佛教。

人不可自尋煩惱，《箭經》說：「痛是難免，苦是自取。」人的痛苦來自兩種感受：一在身，一在心。例如有人以箭射身，身受痛，這是第一支箭；但若搥胸頓足，憂傷啼哭，這就是二支箭的痛。此時若能轉換心境，不執著於自身，就可避開第二支箭的痛。其實會痛就是會痛，不會因為你生氣哀號而減輕，所以現代人自我中心的執著是痛苦的溫床，大師說的「關懷他人，才會快樂」是真的。

痛苦源於對自己的執著，放下執著，人也就自在了。

感恩這世界上曾經有過星雲大師，他的慈悲與睿智讓我們能智慧又幸福地過一生。

前言——浩浩師恩憶難忘

一九九六年的法國巴黎，那是我第一次見到星雲大師的地方，也是扭轉人生的開始。對一個執著於探討生命究竟的人而言，這場相遇，改變了我對佛教的認知，也是我後來義無反顧出家的因緣。

從小對生命存在的價值就抱著很大的疑惑，移民阿根廷後，更是展開對生命意義的思索，從西洋哲學到東方老莊，常覺得自己在人群裡有一種強烈的疏離感：

「我是誰？」

「如果死亡是必然的，活下去的理由是什麼？」

直到夢中出現一句「摩訶般若波羅蜜」，才開始轉而閱讀佛經，我開始嚮往修行的生活，對於「苦行」的僧侶，存有一種崇高的敬仰。

在還未認識星雲大師前，每年都會至少兩個月「出走」尋訪「善知識」，現在想起來，實在要感謝家人對我的包容。一心熱情追求真理的我，曾在美國舊金山某號稱「苦行」的寺院裡生活，也在洛杉磯某禪林裡閉關，也因此，在還未出家前，早已旅行許多國家，對於所謂的「佛教」自然有一定的認識。

山林佛教的反思

「您人生的願望是什麼？」這是第一次與星雲大師在法國談話時，他問我的話。

當時喜歡清修的自己，很誠實地回答：「我希望將來在山上蓋一座小廟，在山林裡清修……」那時還想像自己在雲霧間氣定神閒的模樣，覺得遠離塵囂過超然的生活就是佛教的修行。

想不到大師回答：「就這麼簡單？太容易了！」

我心裡想著：對於擁有數百家道場的星雲大師而言，蓋一座小廟確實不難。當時並未意識到這句話是在點醒我修行的盲點：這樣的修行既不能琢磨多生累劫以來的毛病，更容易長養貪婪於塵囂之外孤僻的習氣。我還矛盾地反問大師：

「佛法浩瀚，真正能幫助眾生的又有多少？」

「佛教可以挽救顛倒的世界嗎？」

大師包容一個小女孩的無知，更允許我一路繼續問他問題，邀請我跟隨他到歐洲八個國家巡迴弘法，順道在西班牙為他翻譯。

就這樣，我幸運地有機會一路問他問題，無論是經典義理的詮釋，或者佛教對世界真正起什麼樣的作用，以及我曾經對寺院管理上的觀察所抱持的質疑……如今想起，這是極度諷刺的對比：一個想要在山林裡修行的人，卻問佛教如何對世界起作用。就好像一些自認為很有修行的人，對社會鄙棄而隱居，卻口口聲聲說要眾生離苦得樂。試問，這樣的菩提心又怎能發揮影響？佛教又怎能興隆？佛法又怎能入眾生的心？現在想起來都覺得慚愧不已。

「您不妨回台灣，可以讓您慢慢問，未來對真理更加明白後，就可以幫助更多的人……」星雲大師的一席話，一個月後我就真的回到台灣，在南華研究所跟一群出家人讀書、生活。

不忍眾生苦的戒條

一九九八年初在印度受完具足戒後，開始接受佛門教育的洗禮。當時在南華讀書的我們，除了上課寫論文，還要兼負海內外信徒的導覽介紹，及典座（廚房煮飯菜）供眾的責任。

記得在一次得知三千人要來學校參觀，星雲大師要親自前來的消息後，我們十四個出家人清晨四點就進廚房，手忙腳亂的我，被分配到煮飯、洗菜與燒開水，從清晨到中午都沒有停止忙碌的我們，第一次目睹到「星雲大師生氣了」！原來是一群沒有通報卻跑來的信徒暴增，致使我們這群研究生無法提供足夠的飯菜，讓大師親自拄著拐杖到大寮訓斥一番，就這樣，中餐沒吃飯的大師竟然直接回山，得知師父晚餐依舊不吃的我們自責不已。

第一次領略到自己的師父對於「讓信徒挨餓」竟是用這樣的方式懲罰自己。儘管一輩子加起來都沒有那天洗的碗盤多，躺下去覺得全身酸痛不已的我，次日清晨還是隨著同學一起回山向大師懺悔。

「出家戒律數百條，對我而言只有一條……」初出家的我心想：「哇！幾百條背不完的戒律，這條一定得記下來……」大師慈悲地說：「『**不忍眾生苦**』**就是我一生的戒條**。」接著又說：「您們沒有挨餓過，不知道飢餓的感受，可是我知道……」大師講出他年輕時挨餓的歲月，繼而發願要讓人吃飽，甚至後來的滴水坊，無非希望讓誤餐的人不要餓著。

一句「不忍眾生苦」，不只要滿足大家的需要，對一切眾生要給人信心，處處給人希望，做人要給人歡喜，做事要給人方便……這些話至今回想，仍感覺滿滿的力量，這是來自一位宗教實踐家的身教言教，在全球建立三百座道場、十七所佛學院、五所大學，以及數十所學校等，成就無數的佛教事業，數百萬信徒追隨他，其背後真正的「因地」與「動力」，正是這句「**不忍眾生苦**」。

改革佛教的清規

十多年在海外自由逍遙的生活，大師為了調教弟子快速成長，畢業後就調派我到佛學院教書。對於沒有讀過佛學院的我而言，做老師就等於強迫我加速學習做好一個像樣的出家人，佛學院嚴謹的生活教育，從折棉被到洗刷淨房，從走路到吃飯威儀的養成，無一不在訓練觀照的功夫。四年間，從學務、糾察到輔導、教務，從生活規矩制定到課程作息的規畫，從學生輔導到老師的接待聘請，無一不是大師鍛鍊弟子們的方法。可是，一天睡不到五小時的我，疲憊不堪地感覺自己日漸體力不支。

一日，大師召集全山大眾並下令：「要改革佛光山清晨打板的時間，從四點半改為五點半。」這天大的好消息，若不是我親身經歷，還不敢相信這竟是開山大師親口說出來的德政。

當時的宗長心定和尚看起來並不那麼支持，主要是傳統佛教作息有些更早，甚至三點半就起床，佛光山如此改革，會不會讓人感到「過於懈怠」？眼看幾位長老也有所猶豫，大師反問大家：「全佛光山有誰比我更清楚叢林清規？」沒錯！大師十二歲出家，受過教下、宗下及律下的傳統佛學院教育，沒有人比他更清楚佛門戒律清規。

「您們知道為什麼三點半、四點半起床嗎？『因為沒電啊！』過去叢林沒有電，太陽下山就要睡覺了，睡飽後就起來作務，而您們是有了電的生活，常常睡不飽要讀書，睡不飽要作務，哪來的體力？沒有足夠的體力又怎麼去弘法？」講完後，大師還非常民主地讓全山大眾舉手表決。

當時學生人數最多的佛學院，連老師都舉手的我，無不感謝大師對徒弟們的體恤。這驚人的改革過程，從此五點半起床的政策，以壓倒性的人數通過表決後，佛光山再度寫下佛教清規的新解。

生活書香化的推廣

一日早晨，大師找我去雲居樓齋堂跑香，尾隨在師父身後的我，一一回答著大師關心我在學習上的每一個細節，師父決定派給我一個新的服務工作，也就是「為佛光山在全球各地成立讀書會」，為推動「生活書香化」而全力以赴。

當時連讀書會都不清楚的我，先答應下來後，開始天天帶著電腦到法堂報到，師父一句一句講著讀書會的成立宗旨，親自製定了「暖身、主題討論、結論」等三階段的讀書會流程，順口舉了幾篇倒背如流的《古文觀止》，印象最深的就是〈鄒忌諷齊王納諫〉，他讓我理解文章的意涵，帶著我探討鄒忌巧妙的溝通智慧，又引導我欣賞齊威王的胸襟度量。多年後，我才恍然體會，這就是所謂的「帶領討論法」，在一問一答之間，看到文章深層的道理，也在思考討論中，開拓了我對做人處事的觀察與欣賞。就這樣，我將師父說的「讀做一個人，讀明一點理，讀悟一點緣，讀懂一顆心」做為讀書會成員的座右銘。

曾有人說：星雲大師的福報很大，能擁有許多弟子在各地推動著佛教。其實他們都沒看到大師對弟子們的栽培是花費多大的耐心與付出，手把手地帶出一個又一個願意在各領域奉獻的僧侶。

二〇〇二年，人間佛教讀書會總部在台中「光明學苑」正式成立。為方便南北交通的往來，展開閱讀推廣的行動後，我從極傳統的叢林教育環境，走入變化多端的人群。出發前我去向師父告假，師父說：「我可以給您一千套佛光教科書，但是不會給您一毛錢。」我聽完嚇了一跳，不識趣地說：「師父，我只要一百套就好，一千套書可能沒地方放欸。」師父板起臉來：「身為佛光山的弟子，可以沒有地方睡覺，不能沒有地方放書；還有，出家人要有『憂道不憂貧』的性格，不怕沒錢，就怕沒有佛法、沒有『道』。」

一年後，大師要我兼管「南華學館」（現名「嘉義會館」），一棟八層樓的新型教育大樓，每個月光要支付水電費、管理費就十分拮据，那也是我一生中自認為最清貧的日子。所幸靠著培訓後流通書籍，或受邀至各地培訓與演講等收入，勉強度過難關。現在回想起來，實在感謝師父給予的歷練，一輩子都在良好家庭生活的我，終於知道什麼是「開源節流」：想辦法回收剛倒閉書店裡的書櫃，把不要的櫃子拆成禪椅，我學會了「窮則變，變則通」的各種巧思，邀請社教老師展覽作品，把空洞的長廊變成畫廊、藝廊。

其實說起來，讀書會剛開始並不順利，都市人說他們沒有時間讀書，鄉下人說他們沒有習慣讀書，連退休老師都說：「終於解脫不用再讀書……」我喪氣地回山向師父稟報情況，還問師父：「為什麼佛教要推動讀書會？」畢竟我不是一個順從的弟子，不能找到「有意義的『因』」，就無法啟動熱情的動力。大師說：「佛教徒不讀書，光燒香拜佛又有何用？觀念不改，行為不修正，把責任都推給佛祖，又怎能有所成就？」頓時我完全明白，唯有自己肯深入經藏，才能面對人生各種難題，也才能智慧如海。

接著大師指導我，該如何推動讀書會。「要讓大家快樂，跟生活結合，要視人人都為老師。」他使我再度鼓起勇氣去各道場，請求各地住持給我十五、二十分鐘的時間，報告成立讀書會的重要，結果遇到一位住持不客氣地說：「大家聽到讀書會都很害怕，但是一聽到要去台東玩就立刻三部遊覽車，您覺得問題出在哪？」我想起師父說的：「讀書會要跟生活結合」，瞬間明白了道理。「沒關係，我們就為他們成立『山水讀書會』吧！」如此，讓喜歡遊山玩水的人有了讀書的機會。

於是，接下來「登山讀書會」、「下午茶讀書會」、「電影讀書會」、「班級讀書會」、「經典讀書會」、「親子讀書會」等不同類型讀書會陸續誕生，如雨後春筍般紛紛成立起來。這期間很感謝陳怡安教授、簡靜惠女士、方隆彰老師等前輩的方法指導，啟動大家開口分享，讓我明白了大師「視人人為老師」的理念。就在全球各地成立兩千多個讀書會時，在一次全山大眾集會上，大師特別表揚了「人間佛教讀書會」的成功，並立下要成立五千個讀書會的新目標。

以眾為我的性格磨鍊

當我以為這已經是個人能力的極限時，一日又被叫到法堂，師父要我兼任佛光會祕書長，對於完全沒有參與過佛光會的我而言，這不只是挑戰，而是多大的擔子啊！

佛光山與佛光會如鳥之雙翼，承諾後就是一個莫大的承擔，要面對廣大的群眾，這是一個千變萬化的「禪堂」，更是我修道上極大的「翻轉」。過去喜歡安靜獨處的我，那個習慣於獨來獨往的我，必須被快速磨鍊、被全然推翻……就這樣，從二〇〇四年一直走到今天，回首那一句大師的交託：「我要你把佛光會員都變成讀書人，把讀書會員都變成佛光人……」仍在腦海裡迴盪！

從「生活書香化」到「佛法生活化」，已然成為我服務大眾的目標，這是一條漫漫的修道路，在人我的歷練中洞察眾生百態，讓我走入民間知其苦，願得離苦；過去曾經對政治存在偏見，我也重新理解，任何執政者錯誤的政策，所帶給人民的苦難，有多麼大的影響，讓我愈來愈清楚「同體共生」下，彼此依待的關係互相牽扯的因緣有多麼複雜，讓我剎見因陀羅網交織著無數的因緣果報，又從果報裡帶出重重無盡的因緣。

在佛光會裡，人多事多，如果三點半起床就算修行，為大眾忙碌至凌晨三點半不睡覺，算不算修行？如果「過午不食」叫修行，常常忙得餓過一餐又一餐的「過午未食」，算不算修行？我重新定義「苦行」，正如維摩大士所言：「行於『非道』，是為通向佛道。」每一個「絆腳石」都將成為我生命中的「墊腳石」，只有在眾中，方知自己多麼不足；只有在眾中，方知要調伏習氣有多麼困難。大師的「以眾為我」是一帖對治「我執」的良藥，那千年萬年帶來的稜稜角角的個性，需要在「入世」中，才知道什麼是「出世」的精神，什麼是「無所得」，什麼又是「夢幻泡影」！

不要做呷教的出家人

大師總是很有說服力，讓弟子們覺得：「對啊！」然後「依教奉行」。無論是後來的「金光明寺」，或是「中華人間佛教聯合總會」，大師總是幾句話就說服了我去承擔、去成立。

他說：「你不是常常辦佛光會幹部培訓嗎？」

我說：「對啊！」

他又說：「你不是常常要辦讀書會培訓、童軍團培訓嗎？」

我又說：「對啊！」

「既然這樣，你就去接金光明寺，把它當作『人才培訓的基地』。」現在想起師父說這句話的語氣，依舊難忘。

「師父，我不會做住持，住持怎麼做？」

「你就是給人吃，不怕人吃，要有『供養心』，就能做住持。」

就這麼簡單嗎？原來，「吃」代表著「人的需要」，知道大眾的需要，滿足大眾的需要，體恤大眾的需要……原來關鍵字不是「吃」，而是「給」，「給」出大眾的需要。大師不就是因為「給」學生讀書，「給」出了十七所佛學院嗎？不就是為了「給」信徒方便學佛，「給」出了五大洲的三百座道場嗎？「給」，是大師一生奉行的圭臬，更是他擁有三千大千世界背後的實踐哲學。

有好長一段日子，家裡的師兄們很怕我回山上，因為每次回法堂就會承接一些新的任務。兄弟們笑我是「承包商」，回來做「發包員」，唯一待遇就是「增加修道資糧」。其實也因為事情多，回去跟師父報告的故事也多，從里民談到社區，從台灣選舉聊到兩岸政局，分享著出版界又出現了什麼樣的暢銷好書，談論著「佛光三好人家」的趣事、「典範教師獎」的動人事蹟、「星雲真善美新聞獎」的精采遴選過程，然後陪大師寫字，看著他抿著嘴一氣呵成的模樣，每一張都是老人家對世間的一份情，每一張也都是他想要再多給社會的一點幫忙。陪著師父聊著東南西北，這大概就是我一生最快樂的時光，促膝在他的座下分享著弘法的點滴，聽他講述著佛教曾經的過往……

就這樣，我新的任務又來了，大師說著他掛念佛教界不能團結，掛念著中青代的我們沒有往來，未來佛教一旦遇到危機就沒有力量……於是他說：「覺培，五十歲以前你可以『為佛光山』，五十歲以後你要『為佛教』。」很巧的是：那一年我正好五十歲，還來不及理解下，師父又說：「佛光山的好，還不是我最終的期望，我最想看到的是整個佛教的好。」這席話感動了無數的佛教界法師，二〇一五年八月九日，「中華人間佛教聯合總會」成立，大師指示地點就在「金光明寺」。

大師從高雄親自來到新北市三峽，面對兩百餘位佛教界的諸山長老、居士大德，以「我不是呷教的和尚」為題，毫無保留地講出了佛教曾經衰敗的原因，恨鐵不成鋼地形容「呷教的出家人」如焦芽敗種，佛教又豈能興隆？從未看過他如此嚴肅的一番開示，那是對教界提出的深刻反省，更是對佛教未來的深深期望，「為了佛教」他千辛萬苦忍人所不能忍，「為了佛教」他勇敢面對過去教界的陋習而走向革新。

直到今天，「中華人間佛教聯合總會」從緬甸泰國南北傳佛教交流，到兩岸攜手至日本佛教訪問，也從禪宗之旅走到各宗派祖庭參學；每年所舉辦的「人間佛教發展研討會」，從「佛學院的教學方法」探討到「佛教的寺院管理」；疫情期間推出「佛教e化升級」專案，疫情後更前往梵諦岡拜會教宗。佛教界看到佛光山宗長心保和尚在大師圓寂後依然向前，信守承諾地完成了跨宗教的對話，一路感謝星雲大師的恩澤庇蔭，身為弟子的我，更覺得這是對浩浩師恩最好的報答。

師父曾告誡：「出家人，沒有失望的權力！」那是他為了鼓勵我對媒體不要失望，轉而成立「星雲真善美新聞貢獻獎」，還特別邀請數十年的知交高希均教授擔任該獎的主任委員。而大師圓寂後，身為弟子的我們，不僅沒有失望的權力，更「沒有繼續悲傷的權力」，正因為時代的巨輪滾動著各種難題，不容許我們懈怠，也正因為「不忍眾生苦」宣揚佛教平等與和平的主張刻不容緩，是此，我深信在實踐人間佛教的道路上，大師早已為我們播種，等待我們繼續去耕耘！更深信大師始終與我們同行！

首篇

佛說的

星雲大師教化眾生的「人間佛教」，不是學術上的人間佛教，是一個一個把人救回來「重生」的佛教；是一個生命啟發著另一個生命，讓人找到動力、活出熱情的佛教；是在面對苦惱時，以無止盡的慈悲與智慧、無限的尊重與平等包容的佛教。而每一步的實踐，都需要內在的涵養與修行！

第一章　您所不知道的星雲大師

星雲大師一生受到數百萬信徒的崇敬，許多更是全家乃至一家三代護持大師的弘法志業，您可能會說那純粹是星雲大師個人魅力的影響，但是，當您近距離了解其真實狀況後，肯定會重新認識信徒死心塌地擁護星雲大師的原因。而我就是那個喜歡聽信徒分享故事的人，我想知道，信徒一生護持大師、追隨大師背後的理由是什麼？

勘透因緣，海闊天空

有一位已跟隨大師五十多年的陳〇智居士，舉凡大學、建寺、文化等，任何只要大師提出的佛教弘法事業，她總會率先響應，且帶著子女一起支持。出身社會名流的她，曾經在中年因先生外遇，痛苦到差點想帶著孩子一起去跳海，想不到在台北「普門寺」聽了星雲大師的開示後，得到了「重生」。我很好奇，當時大師到底開示了什麼，讓她起死回生？

她說，當時大師雖然是對大眾說法，可是感覺似乎是為開導她而說：「每個人都有來到世間的『因緣』，或與自己的親人結為父母兒女、或結為夫妻眷屬，『因緣』是從過去世來到今生，也將從今生延續到來世，所以今生結好緣很重要，即使遇到困境，也要能轉化為『逆增上緣』的智慧……」大師的這段「開示」，如黑暗裡的一道光，讓她驚覺此生不宜再蹉跎光陰，除了領悟到自己跟先生都有過去延續至今世的因緣，也體會到今生所結下的善惡因緣將帶往來世。

「與其充滿恨意，何不藉此勘透情感也是『無常』」？正因為深刻體會世間一切變化的「無常」真理，她決定選擇原諒並接納先生外遇的對象。她要讓自己每一天都不白過，無論廣結善緣濟世救人，或將經典義理轉述給家人朋友。她說，「學佛不是拿香拜拜」而已，而是深刻了解生命的究竟，引導家人以「因緣法」

創造自己幸福的人生。她優雅地活到九十多歲，成為家族中最受敬重的長者，而比她先走數十年的先生始終對她存有一份虧欠感。她最終選擇原諒，情執放下後，也為自己及家人創造了一片海闊天空的世界。

星雲大師一生堅持用老百姓聽得懂的語言，將深奧的佛理契入生活，以「佛法真義」轉千萬煩惱的眾生，更挽回無數面臨破碎的家庭。

無緣大慈，同體大悲

除了以佛法開示啟發大眾的智慧，星雲大師無私無我的作風，讓人對他莫不產生敬佩與景仰。

一位羅李阿昭師姊，二十多年前因婆婆往生，為了感謝佛光山法師的協助，發願以婆婆的名義捐助一筆贊助款給正在工程中的「佛光大學」。當時大學還在建設期間，這筆贊助可說是燃眉之際的重要助緣，可是沒想到當她把錢帶去給大師時，大師卻請她將這筆贊助款送去花蓮的「門諾醫院」。一生虔誠信奉佛教的她，當知道「門諾醫院」是基督教的醫院時，竟直接跟大師說：「不要啦！那個（門諾醫院）是『阿門』的，我是『阿彌陀佛』的啦！」大師了解這位師姊的心意，告訴她：「您把錢拿去幫助門諾醫院，就等於是在救人，救人就是在『行佛』。」

門諾醫院於一九五四年，由薄柔纜宣教士在美國「門諾會海外救濟總會」的協助下在台灣的花蓮成立。當年的美國宣教士為山地部落的原住民及平地貧民帶來醫療服務，可是對於從來沒去過花蓮門諾醫院的羅師姊而言卻十分陌生，因為大師的鼓勵，師姊終於前往。這樣的善舉，讓醫院院長既驚訝又感動，怎麼會有一個佛教徒遠從台北跑來花蓮要贊助醫院？羅師姊說：「是我家的師父星雲大師叫我來的，他說您們很需要幫忙……」院長眼眶泛著淚水跟在場的人說：「『門諾醫院』長年收到『無名氏』的贊助，始終不知『無名氏』是誰，直到去查詢，才知道竟然是星雲大師……想不到現在大師還讓信徒親自來幫助我們的醫院，實在太令人感動……」

要不是這位師姊的分享，恐怕連做弟子的我們都沒有人知道這個公案。這位師姊後來成為死忠的信徒，她說：「我跟隨星雲大師，就是因為他無私無我，不分宗教種族，讓我願意跟隨他，向他學習『無緣大慈，同體大悲』菩薩道的實踐！」

跨越宗教藩籬，給予終極關懷

大師對於眾生平等慈悲的精神，一向沒有宗教之別。猶記得八八風災後，佛光山開闢了臨時安置中心，讓千餘位災民安頓在山上的「福慧家園」，當時大師要弟子們開闢祈禱室，並邀請神父、牧師來為災民「祈禱」。

出家弟子們起初都很納悶：「來到寺院，法師自己就可以為災民祝禱，為什麼還要請『神父』、找『牧師』？更何況就在自己的佛教聖地，『佛陀』不就在家裡，怎麼要把『上帝』請來呢？」

大師知道弟子們心有不解，指導弟子們：「災民多半是原住民，他們一生信仰著基督宗教，災後內心的惶恐，更需要宗教的慰藉，用他們最熟悉最親切的信仰，幫助他們身心的安頓與重建，這些都是出家人要懂得體恤眾生的地方……」

佛教的「慈悲」，慈是「予樂」，悲是「拔苦」，既要給人歡喜，又要幫助眾生離苦，這是佛教的精神，是無限寬容的胸襟，是感同身受的同理，更是大師常常叮嚀弟子們的一句名言「一個人可以什麼都沒有，不能沒有慈悲」的言教與身教。

於是「福慧家園」為災民開闢了「祈禱室」，而神父、牧師也都陸續來了，一時佛光山上有了「阿門」的祈禱，災民在佛教的聖地接受了神父的禱告，這樣的安排竟感動了神父，離開前還向佛光山的法師們道謝：「**感謝佛陀，讓我們完成了『上帝』的旨意。**」這段話很幽默也很溫暖，宗教的本質以「終極關懷」為初心，身為宗教人士的我們，都應該跨越宗教彼此間的藩籬，回到眾生的需要，給予身心的安頓。

對眾生平等關懷

也許您以為大師僅止於對人的慈悲，只要多了解大師的生活，您會發現他關心的對象極為廣泛，天上飛的、地上爬的，皆離不開他對眾生的平等關懷。有一次，我進去法堂想跟大師報告事情，正好遇見師父在跟負責照顧山上素食動物園的慧延法師談話：「慧延啊！藍毗尼園的魚兒不能再餵啦，太肥啦！還有，那些鳥兒有沒有記得給牠們吃飽呢？」我心裡想：「哇！堂堂的星雲大師連小鳥兒有沒有得吃、魚兒會不會太胖……都要關心啊？」

這也讓我想起另一個公案。一天大師把我叫去，問我台中有一位鳥博士吳〇雄居士，能不能請他來一趟佛光山。吳〇雄居士是佛光會在台中的督導，他的耳朵可以辨別上千種鳥類，對鳥禽類的生態十分了解。之所以邀請他來，是為了佛光山上的小鳥受到大鳥襲擊，希望吳督導想想辦法。為了這件事，吳督導還煞費苦心，他跟大師說：山上因為生態好，各種鳥類都會棲息於此，「在《阿彌陀經》裡所描述的各種鳥類，佛光山除了『共命鳥』，其餘都有……」只是，「大鳥吃小鳥」本來就是生態的自然現象，小鳥多，大鳥就會來這裡「覓食」，怎麼可能讓大鳥不來呢？

督導回去後，努力想了一個禮拜，他知道「樹鵲」的天敵是「老鷹」，如果用老鷹的聲音，是否會嚇走樹鵲，進而保護小小鳥呢？為了完成大師的託付，他帶著錄音機再次回到山上，就在鳥兒棲息的樹林中播放了老鷹的叫聲。幾天後，我們都期待好消息時，吳督導卻非常沮喪地來向大師報告：「大師啊，我努力了，樹鵲因為怕老鷹，現在不敢來了，可是真的『老鷹』卻來啦！」

幾年後，吳督導還在為此事懸念著，他說大自然「弱肉強食」的殘酷現實很難破解，而大師「不忍眾生苦」的慈悲，卻深深感動了他。

汝等皆當作佛

多年後發生了一件類似的事，這次的主角是赫赫有名的諾貝爾文學獎得主莫言老師。二〇一三年，莫言老師受邀到佛光山為「星雲人文論壇」演講。演講時，莫言老師向星雲大師提出一個讓他整晚都無法入眠的問題，原因是前一晚莫言老師在佛光山紫竹林的院子內與法師們及高希均教授等人閒談喝茶，由於氣候宜人，山上的空氣又好，很自然地螢火蟲就在院子裡飛呀飛，沒多久就爬來了「壁虎」，莫言老師向大師描述了當時的景況：

「眼看一場『殺戮』即將展開，坐在院子內的滿謙法師看到後就對壁虎說：『壁虎啊！您不要去吃螢火蟲啊……』想不到壁虎竟然聽得懂法師的『開示』而轉身離開，這一幕猶如示現在眼前的『神蹟』，接著又來一隻小壁虎，同樣準備大快朵頤時，滿謙法師又說了：『壁虎啊！您別吃螢火蟲啊……』不可思議地，小壁虎竟然也轉身離開了……」

莫言老師說他整晚都在想：「壁虎吃螢火蟲是『殺生』，但是壁虎不吃螢火蟲餓死也是『殺生』，不是嗎？請問大師：『壁虎該怎麼辦？』」

現場聽眾無不引頸期盼著大師回答如此有趣又值得思考的問題，想不到大師卻輕鬆地說：「啊呀！莫言老師您用文學帶給世界美好，壁虎這小事就交給我們，我們教壁虎『吃素』不就行了！」全場掌聲如雷，我坐在現場，雖然簡單的回答，卻也讓我思考了幾天。

首先，我想的是，會出生在佛光山的壁虎肯定有其因緣。其次，能聽得懂法師說話的壁虎，也應該不是普通的壁虎。再者，聽得懂法師的話，還願意轉身離開的壁虎，難不成也真是修行的壁虎？如此看來，壁虎未來改吃素，應該也不是問題了吧。

這世間眾生佛性平等，「我不敢輕視汝等，汝等皆當作佛。」《法華經》裡「常不輕菩薩」正是如此看待每一眾生，而莫言老師這堂課，不也給了眾生無限的希望？會不會有一天，老鷹、樹鵲、壁虎等，都漸漸淨化而吃素呢？若大自然有一天不再弱肉強食，只有平等包容，沒有殺戮，只有慈悲和平……該有多好！

以慈悲點亮年輕人的未來

知名畫家李自健先生每每提到大師總會激動地說：「如果沒有星雲大師，就不會有今日的我。」在他心中，星雲大師猶如再造父母。年輕時的他因畫廊倒閉而流落美國街頭，是一個生活拮据且沒沒無聞的畫師，在星雲大師的鼓勵與支持下，不只幫助了正在重病的父親，還度過生活上的難關。

大師從李先生的畫作中看出他細膩的情感，並告訴他：「我不要您去畫佛像、菩薩，您就以人間愛心為題，畫您熟悉的生活，畫您感動的人和事物就好了。」大師又說：「李先生，您過去怎麼畫就怎麼畫，希望您重拾畫風，創造屬於自己的藝術天地。」這種全然的信任與欣賞，讓李先生重新找回了對藝術的熱情。

李先生後來巡迴展出畫作，並為世界各國元首作畫，而其中最為有名的一幅油畫《屠．生．佛——南京大屠殺》，曾在全球六大洲三十多個國家和地區巡迴展覽。這幅畫是根據星雲大師親身經歷創作而成，描述一九三七年日軍在南京的屠城暴行。星雲大師希望透過這幅畫作，警示世界對戰爭的殘酷與暴行都應該深刻地反省，且願永遠不再發生。這幅畫後被列為國家一級文物，收藏在「南京大屠殺遇難同胞紀念館」。

曾至美國紐約曼哈頓音樂學院（音樂天才兒童計畫）青少年預科班就讀，並取得茱莉亞音樂學院音樂博士學位的陳澄慧，現任教於美國哥倫比亞大學。也是旅美音樂家的陳澄慧說，當年在美國大學就讀三年級的她，接到家裡遭逢變故的通知，家人無法繼續提供學費，就在隨時可能被迫休學、內心充滿無助的時候，星雲大師竟透過法師轉給她一筆助學金，在收到獎學金的那一刻，澄慧說：「我感動的眼淚湧出眼眶，問：『大師的恩惠我怎麼還得起呢？』」她告訴自己：「秉承大師的恩惠，我要認真念書，我要把所學全部貢獻出來，幫助師父音樂弘法，讓更多的青年一起為佛教弘法。」

澄慧後來在美國紐約，融合佛教梵唄與西方音樂元素，相繼舉辦了「永恆的星」與「星光無限」公益音樂會，以紀念星雲大師對她的恩德，並以大師人間佛教的理念創作無數精采的歌曲，透過音樂，為全球華人傳唱出人間的善美。

* * *

我很喜歡聽信徒說故事，也喜歡分享我所聽到的故事。每當聽著信徒娓娓道來的故事時，我看見了什麼是「人間佛教」，那是在冷漠世間的人情冷暖裡「擁抱生命的佛教」，在出入危急恐懼無助時「解決生死的佛教」，在殘酷現實的人生路上將佛法「落實生活的佛教」。這是星雲大師教化眾生的「人間佛教」，不是學術上的人間佛教，是一個一個把人救回來「重生」的佛教；是一個生命啟發著另一個生命，讓人找到動力、活出熱情的佛教；是在面對苦惱時，以無止盡的慈悲與智慧、無限的尊重與平等包容的佛教。而每一步的實踐，都需要內在的涵養與修行！

在這條路上，我慶幸自己成為人間佛教的「見證者」，在每一位故事人物的身上，感受到「人間的菩薩」就是這麼一步一步走出來的，而更加幸福的是：自己正時時刻刻「與菩薩同行」！

第二章　他始終沒有離開

大醫王的慈悲與智慧

《法華經》裡有一段故事，一位大醫王，善醫各種疾病，但是自己孩子們在外遊蕩不慎中毒，父親立即開了各種草藥給孩子們食用，知道得之不易的孩子就立即服藥，很快得到痊癒，但一些依賴性強，甚至中毒較深的孩子依然每日晃蕩，不覺得珍惜，心想：「反正父親都在，不用擔心。」就這麼日過一日，父親眼看著孩子不肯服藥，於是告訴家人，他即將遠行，出門不久就傳回「已死」的消息。孩子們聽到如此惡耗，才驚覺自己磋跎了許多父親在身邊的日子，於是趕緊回家找出父親生前交代的每一帖藥，知道父親不在身邊，得自立自強趕快服用良藥，才能救治自己的病，等到孩子們認真吃藥至痊癒後，父親也就回來了。第一次從《法華經》讀到這段譬喻時歡喜莫名，知道佛陀沒有離開我們。原來一切都是諸佛菩薩的「善巧方便」而已。**不肯服藥的眾生，大醫王在身邊又奈何？不依正法而實踐的弟子們，輪轉於苦海之中，又豈是佛陀的責任？**

「善巧方便」始終是諸佛菩薩的甚深智慧，卻也是讓眾生離苦的一種慈悲。佛陀藉「醫子喻」點出眾生沉溺於貪瞋煩惱而無法自拔，又或者「知病」卻不肯依法修行，在漫漫的生死輪迴裡，日復一日因無知而病重，也因無知而造業受苦（惑業苦）。佛陀這位大醫王不得不以示現「涅槃」讓眾生起「難遭難遇」想，為教化剛強難化的眾生，令眾生對佛法生起希有殊勝之心，繼而自發地踐行佛陀的教法。

星雲大師的示寂與人間佛教的承擔

而星雲大師何嘗不是如此？「示寂」乃菩薩方便權巧，能契入人間佛教的理念與精神，珍惜大師一生所提倡的三好、四給與五和思想，恐怕更是他想要留給弟子們最重要的寶藏。他一生念茲在茲地叮嚀我們要實踐「人間佛教」。而這次，**出遠門的師父要等著我們發心承擔與實踐，雖然我們都知道他一定會再回來，但是此時沒有比拾起他所指導的各種法門（草藥）依教奉行，來得更為重要。**一來治我們多生累劫的病，二來傳播人間佛教的教法，令眾生也能如法修行，最終不再受諸多病苦所擾而痊癒。

我想起曾經印度安貝卡博士努力改革印度的種姓制度，落實「平等」主張，雖沒有成功，五十年後卻留下渴望平等的一群人，輾轉來台灣請求星雲大師到印度為他們舉辦皈依。二〇〇六年我們有幸跟著大師到南印度龍樹菩薩的故鄉，還記得清晨一早就在十字路口集眾，一場上萬人的皈依典禮就這麼開始了。

大師開示的第一句話至今依舊難忘，他說：「這世間凡偉大者，必然『平等』，凡『平等』者必然偉大。如陽光普照大地，如雨水滋潤土壤……沒有因貧富貴賤而普施眾生……」

下來後，我問師父，「平等」這麼重要，為什麼數千年後在佛陀的故鄉依舊做不到？依舊存在著「種姓制度」，依舊還有所謂的「賤民」？

師父說：「一來佛教在印度沒有走入民間，缺乏普及到老百姓，二來因為佛教講『平等』，致使深受印度教（階級思想）影響的人民，不願接受平等的主張，這也就是為什麼更需要『人間佛教』……」

當時，我突然明白：菩薩為何沒有捨棄眾生而倒駕慈航的原因，因為**那曾經是佛陀宣揚平等的土壤，兩千五百年後仍需要有人去灌溉；那曾經無數因佛法而開悟的弟子，千百年後仍需要有人繼續去喚醒其他沉睡的眾生……**唯有將佛法走入生活，人間才有了光明，沒有將佛法落實在生活上的佛教徒，光有藥而不吃，病又怎麼能好？

所謂「見『法』如見佛」，此時沒有比深入閱讀《星雲大師全集》來得更加重要，沒有比宣揚「人間佛教」的理念來得更加珍貴，沒有比佛法落實在生活來得更加務實……

擦乾眼淚，告訴自己：**為了佛教，繼續依循佛陀的教法，繼續實踐星雲大師的人間佛教，在南北奔波的弘法裡，期許自己在每一日每一夜的精進中與大師同行，因為，他始終沒有離開……**

第三章　大時代看大因緣

佛教，在印度已滅，在中國，等待再起。已滅者，貧僧不曾放棄，親身主持皈依傳戒，後派弟子遠渡興學，管它酷熱貧瘠，重新播種，重燃薪火！等待再起者，貧僧戮力奔走，往來兩岸為和平指點迷津，為佛教興隆制度建立，管他孤獨崎嶇，為大事也，何惜生命！

說貧僧不貧，卻一無所有，說貧僧貧，卻也無所不有。這貧僧說穿了，他就是「不住而常覺」，既不住，何來之有？既常覺，何處不妙有？只是在大時代的驚濤駭浪中，這貧僧所創造的，是為佛教力挽狂瀾的大因緣，此乃貧僧不平凡之處。

困境中的堅持與信念

四十篇貧僧的話，話裡有他之所以創造大因緣的「內因」：從飢餓艱困的年代走來，穿越烽火連天的歲月，人命如螻蟻，隨時命喪黃泉。貧僧的受難重重，白天被指控是共產黨匪諜，晚上被誣陷為國民黨特務；來到台灣，又有教界內的排擠，外省與本省之間的藩籬。但貧僧之所以不貧的「內因」，來自他有歡喜樂觀的性格，也有發心立願的決心，他有佛教靠我的理念，也有無盡讚嘆的法門；他喜歡生活在眾中，因為眾生佛性平等。他可以上與君王同坐不卑，下與乞丐同行不亢；在問政不干治的背後，善盡的是菩薩對人民安和樂利的懸念，提醒每一位領航的舵手，不要偏離人民安全的航行。

凡貧僧餓過的，他要給人溫飽；凡貧僧窮過的，他要給人富有；凡貧僧苦過的，他要給人幸福。貧僧能夠成就大因緣的「內因」，是不斷的自學、精進的修持，是無盡的苦難、無比的忍耐，以及念茲在茲「為了佛教」的熱情。這熱情的背後，是靜定的功夫，是無相的布施，是勇敢的承擔，是善解的忍辱，是解困的般若，是持續精進所開展「人生三百歲」的永不放逸！

從大時代看貧僧面對「外緣」的觀念與態度，他總是「住平等法」，洞察「諸行無常」，了知「諸法無我」，廣開「善巧方便」。因為「住平等法」，所以他能夠令「僧信互敬」、「男女無別」；所以佛光山還有個佛光會，如鳥之雙翼；所以佛陀館內十八羅漢，還有三位比丘尼；在貧僧眼裡，男女僧信平等如此，對待花草叢林、鳥類動物亦如是。

因為「諸行無常」，所以佛教需要改革，弘法必須「與時俱進」。也因此，貧僧辦學為了培養人才，辦媒體為了以正視聽。從「雲水醫院」到「雲水書車」，他想到偏鄉貧病需要照顧，也沒有忘記山區的兒童需要書籍。從寺廟建立到各種「館」的奇緣。他考量佛教讓社會方便可以親近，也不忘展現佛法不離生活的各種面向之可能。

無畏生死，無住無我

既然了知「諸法無我」，所以貧僧可以「與病為友」，不會因病而動搖對佛教的信心，反而勘破「四大本空示現有，五蘊和合亦非真」；他可以「生死一如」，因為貧僧早已出生入死、無懼生死、超越生死，因為生命不死；他說自己是一個「垃圾桶」，所以納受酸甜苦辣不以為意，好事壞事終會過去。貧僧的「無我」，養成他面對「恩怨情仇人間事」，還依舊「事如春夢了無痕」。

這位貧僧「不捨一人」，所以廣開「善巧方便」之門，建佛陀紀念館不收門票，買荔枝創造農民生機，邀神明一起交流聯誼。貧僧推動三好校園品格教育，鼓勵老師找回教學的熱情，辦文學獎、傳播獎，無非想提升華人文化與媒體的素養。因為「不捨一人」，貧僧提醒夫妻相處要和睦，否則影響家庭；青年愛情觀要正確，否則傷人傷己；管理模式當無為，否則帶人難以帶心；凡事皆「可」，否則阻斷善因善緣。也因此，貧僧對「人間因緣」總覺得難遭難遇；抱病仍不放棄每一場弘講的因緣，從台灣到國際，從佛教到跨宗教，從華語到各國語言，貧僧在大時代裡創造大因緣，也因為「善巧方便」為佛教開啟了大門，這大門，他要讓孩子、青年走進來，要讓婦女、長者走進來，要讓藝術人文走進來，更要讓閱讀風氣走進來。貧僧希望凡一切「無緣者」，皆成為「有緣」而走進來。

貧僧弟子讀貧僧話，明白出家人要做好「貧僧」的道理，所有的苦難折磨皆是修行；面對法難時，要勇敢為佛教站出去；一切善緣皆來自無私無我的給予；從大時代裡創造大因緣，一切皆源於「不忍眾生苦，不忍聖教衰」的願心；貧僧的話，是「安心辦道」的根本，更是「正法永續」的軌則。貧僧能貧，所以不貧；貧僧有願，但願不虛發；今日以貧僧為師，能不感到無比慶幸？明日以貧僧之路前行，佛教還怕沒有願景？

人人若能做好「貧僧」之本分，使貧僧的話語繼續開創著佛教的大因緣，倘若能此，佛教豈不「幸甚！幸甚！」

第四章　高高山頂立，深深海底行

人類走過的近百年，從戰火連天的動亂滄桑，到科技文明日新月異的繁華世界；中國佛教的近百年，從風火殘燭的存亡間，到寺廟林立百花齊放的精采多元。每一個年代的挑戰與危機，在智者的眼裡，永遠是扭轉乾坤的新契機，面對政治經濟與文化價值的風雲起落，能夠隨順因緣卻又不斷創造因緣奇蹟者，此人必定乃時代之「巨人」。

思想與觀念

何其有幸，今生成為星雲大師的座下弟子，從《百年佛緣》的字裡行間，讀其文如其人：「改革」僅僅為了「除弊」，「創新」只為了廣利群倫，大師亦步亦趨地負起復興佛教的使命，既是獨領風騷，就得面對佛教界批評反對的聲浪；既是敢說真話，自然得承受殘酷無情的打壓。正因為懷抱著「不忍眾生苦，不忍聖教衰」的夢想，榮辱毀譽在大師眼裡如過眼雲煙，所有披荊斬棘的過程，都成了弘法的資糧；在冷暖的人我間，老二哲學、跳探戈理論、以退為進、有情有義的作風，使大師結交了無數知心的朋友。在每一項艱困的弘法任務中，永不退票、捨我其誰、心甘情願的直下承擔，讓大師寫下了佛教無數個第一。

回首一路走來的歲月，在他老人家的口述裡，那畫面的驚心動魄，時而為天堂時而為地獄的考驗，竟都化為雲淡風輕一樣的平常心；出入民間或高層，「上與君王同坐，下與乞丐同行」，在他眼裡無不是需要關懷的眾生。從不輕視青年學子，更不曾漠視女性，佛性平等的思想，在大師的血脈細胞裡深深烙印。

忙得廢寢忘食，他說「忙就是營養」，病得被迫住院，他說「與病為友」，被人占了便宜，他說「給人利用才有價值」，小徒弟們沒大沒小，他不以為意地表示「三分師徒七分道友」；生氣來告狀，他說「要爭氣，不要生氣」。被人傷害時，他說這是「一半一半」的世界；帶領義工，他說「要做義工的義工」；對待信徒，他說「要為信徒添油香」；受人恭敬崇拜，他說「什麼都不是我的」；歷經幾度危險，他說「不知道的樂趣」。他再忙也要每日閱讀寫文章，說「要利用零碎的時間」；《人間福報》十三年來沒有一日間斷過的執筆作者星雲大師，車上可以寫，飛機上可以寫，弘法路上可以寫，就連活動上半場接下半場的十分鐘裡也可以寫。

何處不淨土

悟者的世界何處不淨土，大師的書桌既是寫作、辦公處，也是吃飯、會客的地方，這張老舊得不起眼的大桌子，既能讓大師揮毫一筆字，也能諄諄課徒教育弟子。圍著這張桌子，談論的內容有家裡動物生了病的話題，有徒眾留學調派的討論，有信徒會員的婚喪喜慶，也有社會族群對立有待化解的問題，當然，這張桌子也是大師口述歷史隨時講說的地方。

他的「法堂」總是人來人往，老的可以來，小的也不例外，絕不像外面所想像的「庭院深深」。出門在外，即便有人好意安排總統套房表示孝敬，卻往往被徒弟們用來打包行李、堆積貨品……讀到此，身為弟子的我們既慚愧但又覺得有趣，一間總統套房，大師沒有用來享受，反倒是提供給徒弟們方便而已。

其實老人家眼盲心不盲，雖然視力早已模糊，心裡卻清清楚楚，一生弘法遍足世界五大洲，使臨濟子孫滿天下，其由來絕非容易。來自世界二十六個國家近一千三百位徒弟，誰來投訴苦衷，或來自首、告狀，總不出他對世間洞察明白的如來神掌：或用「八三二十三」的故事點出常理外還有無上的真理，或留徒弟吃飯以慰勞辛苦委屈；或把人家給他的上等水果全都送給徒弟們享用。面對來自四面八方的家事、國事、天下事，他總是耐煩聆聽，海內外的好事壞事，到了這裡一切變得太平。

花了很久的時間，我漸漸發現他老人家有一種順應而又超然的本領，知「無常」，所以納受一切變遷；知「無我」，所以對人沒有任何成見；正因為「無住」，所以平靜泰然，也因為了知「空性」，所以能生萬有。

累的時候，大師就在這個最沒有私人休息處休息，一個小角落就是一個天堂，一張簡單的沙發就是他的蓮花座，短短半小時的休眠，足以讓他神采飛揚地再繼續弘法。這種驚人的精神力，在醫生眼裡早已是個奇蹟：五十年的糖尿病，飲食三餐不用特別打理；心臟手術後，他幽默地向醫生說「病不怕，怕痛」。腳斷了可以去日本弘法，肋骨斷了可以因為一句承諾而飛往美國，毫無養病。有時候徒弟心疼，請他老人家多休息，他反而說：「我不都在休息嗎？」

弘法在外有一餐沒一餐，他可以忍著「不吃」，有時信徒誠意端出自己的烹調料理，明明才剛吃飽來的，為了給人歡喜，他也可以忍著「再吃」。大師說修道人要「能上能下、能冷能熱、能大能小、能飽能餓」。這種「能人」的教育，也自然成了佛光山徒眾工作處事的應變能力的訓練。

給人的哲學

從大師口述歷史中，幾乎可以看到一個不變的哲學，那就是「給」。在《百年佛緣》內，我們不難看出台灣佛教的演變，在半個世紀前的台灣社會，佛教還是神道不分的局面，光復後歷經「戒嚴」，大師要挑戰專制下不合情理的弘法設限；即使「解嚴」後，社會大眾依然對出家人存在著消極避世的概念；就是發展到佛教蓬勃的今天，來拜拜的善男信女，也還將佛教停留在「求」的階段。而到底佛教的青年在哪裡？佛教的人才在哪裡？佛教的希望與建設又在哪裡？這個問題恐怕需要從一個「給」字說起。

大師寫下了無數的歌詞，找來音樂老師譜曲，成立佛教史上第一支歌詠隊，只為了「給」年輕人接觸佛法的機會。青年畢業後需要「給」予工作機會，**大師開辦幼兒園，讓優秀青年有一份別具意義的工作，在「給」幼兒教育快樂的童年，也同時栽培社會未來的中堅份子**。佛光山的建設，從最早只為了壽山佛學院的空間不足，要「給」學生更寬闊的學習環境。在這一餐不知道下一餐在哪裡的窘況下，憑著再窮也要堅持「給」學生一個完善的佛教學院，一生不做經懺佛事的星雲大師，到殯儀館為人念經獲取一點襯錢，只為了「給」學生聘請最好的老師，付學生的吃飯水電費。

為了「給」善男信女吃飽，要建個朝山會館，深怕深夜下山危險，要「給」人過夜，蓋了可供人掛單的麻竹園。莊嚴巍峨的寺廟建築，過去原是刺竹亂麻的深溝，長得像蘭花瓣形的山，如五根手指頭高高低低，沒有一塊完整的平地，從對面山到這邊的山，就如同太平洋的兩岸彼此相隔遙望，為了「給」人行走，大師帶領弟子們半天讀書、半天挑石挑土的愚公移山精神，填上數千量卡車的泥土沙石，將幾近不見底的深溝慢慢填平，只為了「給人方便」。

在「給」的思惟裡，只在乎對方是否受益，不在乎自己犧牲多少；大師為了「給」人接受佛法，將經書典籍消化反芻，與現實生活呼應，用現代人理解的語言，極具生活性的故事譬喻，契理又契機地闡述佛陀的真理。為了「給」人親近佛教，各寺廟道場紛紛於海內外林立，兒童、大專夏令營、勝鬘遊學班、青年禪學營乃至都市佛學院等，無一不在創造給人親近佛法的因緣。早期的雲水醫院，到後來大街小巷的雲水書坊，更是給人免於病苦，給人知識的精神食糧。

這逐步逐步的「給」，讓佛教從寺廟走向社會，從山林走入人群，從台灣走向世界，也因為「給」，讓佛教走出了一片新天地。佛光山「給人信心、給人歡喜、給人希望、給人方便」的理念，在大師言行舉止中，真是說到做到。而佛教徒也漸漸從「求」的階段，轉而「給」的提升，讓在家居士也投入關心社會的行列，在醫院學校從事義工服務，或捐血報恩、環保節能，或關懷弱勢、處處給人因緣，「給」帶來其中妙不可言的喜悅，可說是大師在成就佛教復興的另一個軟實力。

慈悲而無畏

如果說大師是一位敢向不同時代的困境提出改革的「勇者」，倒不如說他是道道地地不忍眾生苦的「慈悲」所激發的「無畏」。無論在人我間排紛解難，或向威權者提出建言，有為者亦若是。在無畏的背後，靠的是一股強烈的慈悲願心，隱隱推動著他的血脈。

排紛解難是為了替人解冤釋結；改革創新是為了揚棄舊社會的包袱；奔走於海峽的往返中，只為了兩岸的和平。許家屯事件，他思考的只是如何留住一個知識份子對中國的心；同樣地，他曾經要陳水扁「做全民的總統」，要馬英九「不是馬英九，而是兩千三百萬的人民」；他敢向執政者提醒「百姓的利益絕對大於黨的權利」，有人說他是政治和尚，殊不知，真懂政治的人，誰會講出如此不利於自己的語言？說穿了，大師是最不會保護自己的和尚，只因為他的心中只有「人民」！在我這個弟子的眼裡，他才是一位真正置個人榮辱於度外的「宗教家」。

此時，我想起《維摩詰經》寶積菩薩問佛：「如何修習『菩薩淨土法門』？」佛說：「一切眾生界，即菩薩淨土。」也就是說：「哪裡有眾生，哪裡就是菩薩所行的淨土。」維摩大士之後則呼應了佛陀的思想，文殊師利問：「菩薩云何通達佛道？」維摩詰言：「若菩薩行於非道，是為通達佛道。」意思是說：「菩薩面對一切困難處，那裡就是**通往成佛的地方**。」

而今，我所見到的大師，向人群裡走去，凡有眾生需要的地方，便是他無處不在的「淨土」；又剎見大師在行佛的每一個困難處，皆轉化為通往彼岸的「成佛之路」。

第五章　剖析星雲大師十大特質與思想

以弟子的身分來剖析自己的師父，實在有冒犯之虞，但也正是星雲大師的胸襟與氣度，方容許徒弟暢所欲言，無所禁忌。這是他老人家的開放與慈悲，也是我跟隨大師出家的原因之一。

第一次聆聽「我不是呷教的和尚」，是在二〇一五年八月成立「中華人間佛教聯合總會」大會時，星雲大師特別從高雄趕到新北市三峽金光明寺，為台灣佛教諸山長老、居士大德做一番勉勵，前後僅三十分鐘的發言，說完後尚未用餐又匆匆離去，這往返一趟的親自駕臨，是一種對同門法眷的迫切期待，也是對佛教界內最真誠的告白。這一席話，任何人都聽出他對佛教僧信的殷殷盼望；言語間，卻又掛念著唯恐正法不能永續的無比憂心。這一席話，是「為了佛教」的赤誠信仰，也是他一生的踐行。從行腳四海到坐著輪椅，不變的是他對眾生有情有義的那份俠氣與悲憫。短短的一席話，他讓台灣佛教間重新聚合，教團與寺廟開始走動交流，僧眾與信眾攜手面向更遼闊的世界。

這一席話，擴大了篇幅，轉化為文字，躍進了書局，更再度讓星雲大師成為暢銷書作者，《我不是呷教的和尚》讓不認識他的人了解他奮鬥的歷程，讓自以為了解他的人更深刻體會他修行的哲思，讓誤解他的人重新理解他為社會的用心良苦，讓崇拜他的人回歸到出家僧侶的真實世界。

受人恭敬，卻反對造神

星雲大師儘管受人恭敬，卻反對造神，誠如他詮釋的佛陀：「他不是神，是人！」大師是一位腳踏實地、轉迷為悟的修行人，是一位忍人所不能忍的的苦行僧，是一位不斷省思自己的缺失、不吝批判自己，甚至不惜向自己宣戰的出家人。他說：

我有許多的缺點，像脾氣不好，性情太過耿直，乃至貪名、欲望、無明、愚痴等，在心田裡還是反觀得到；尤其是嫉妒心，總覺得自己不能輸給別人，對這種好強、好勝之心，也感到慚愧。現在想來，真是年輕荒唐的時代，也不勝慚愧、懺悔！（《我不是呷教的和尚》，頁九六—九七）

儘管百萬信眾對他崇拜恭敬，但是他總要說：「我五音不全，語言不好……」又說：「光榮歸於佛陀，成就歸於大眾，利益歸於社會，功德歸於信徒。」

不造神，也不搞怪力亂神，儘管感應的事蹟不勝枚舉，甚至因為念佛的功德力，使一位癱在地上的殘障老兵站了起來：

當時，宜蘭市民信心大增，紛紛口耳相傳，造成中央社等很多的媒體報紙，都爭相報導，成為一樁轟動的新聞。（《我不是呷教的和尚》，頁一三九）

曾經二十六年不間斷地打佛七，不因為受人崇敬而動搖，一輩子也就在悲悲切切的念佛聲中，實實在在的禮佛拜懺裡，以懇切、真誠、清淨的心，與佛相應。

不二法門，生活即修行

在星雲大師的生活中，無處不是修行的道場，舟車奔波裡，電線桿是他佛號的念珠，航行高空中，寫作是他弘法的天地，面對一次又一次的病痛，他視生死一如，在報眾生恩的情懷下，世出世間不二。

殿堂莊嚴也好，講經說法也罷，面對虔誠專注的童男童女、恭敬合掌的老人義工，看似利他的弘法度眾，卻也增加了大師信仰上不退轉的力量。儘管不拘泥於形式上的禮敬，卻也拜佛至身心俱泯，融於宇宙虛空。

> 常常是在這樣一個簡單的場合裡面，讓我感覺到身心和宇宙，或者說我和佛陀、和佛教，融化成了一片。（《我不是呷教的和尚》，頁一四二）

大師對修行的定義：「離開生活，談不上修行。」所以出坡作務是修行，弘法度眾是修行，會客接待是修行，刺血寫經是修行，禪修念佛是修行，禁語閉關是修行，辦學辦報是修行，開墾荒山是修行，忍饑忍苦是修行，掌聲噓聲無不是修行；在娑婆紅塵的世界裡，眾生是成就道業的沃土，煩惱是轉暗為明的契機。

佛教裡有大乘、小乘，相互為師的典故，也有佛佛道同、光光無礙的圓融，甚至一切惡行、惡事，只要能夠懂得轉化，也能幫助我們信心的增上。（《我不是呷教的和尚》，頁一四二）

對大師而言，沒有「纏縛」之困，又豈有「解脫」之理？

空中妙有，無處不佛法

一生從無到有，星雲大師赤手空拳地如愚公移山，完成至今三百座全球五大洲的道場，說他哪裡來的本事，他會說「以無為有」、「以空為樂」，這對經濟學家而言，始終是一個難以理解的哲理。

空不是沒有，而是萬法無自性，是諸多因緣和合，是無常迅速變異，因為「空無相」，所以「無所不相」。佛教面貌應該是什麼？難道只能「青燈古佛伴木魚」？

五十多年前民風純樸，佛教困守寺院，多是老人寄以為生，星雲大師開「佛教歌詠隊」之風氣，在高昂的歌聲中，在布教的路途上，何處不是弘揚佛法的道場。

在星雲大師的眼裡，窮困年代行醫救人的「雲水醫院」，是佛法；全民健保後，改以「雲水書車」，將知識帶到偏遠的山區，也是佛法。兒童星期學校、組織青年團、童軍團，養成良好品格，懂得自我管理，是佛法。為了給人方便，設立「滴水坊」，怕人沒得飯吃，「普門大開」，也是佛法。

我之所以設立「滴水坊」，就是要實踐佛法所講的「四恩總報」思想……

（《我不是呷教的和尚》，頁二八八）

因為空，所以不拘泥舊有的框架，因為空，所以能容一切萬有，但也因為空，一切的榮耀終歸於幻，所以「百花叢裡過，片葉不沾身」，不住而常覺，乃真菩薩也。

與時俱進，開創新格局

不拘泥佛教舊有的框架，使星雲大師不斷前進，因洞察眾生需要，所以持續開創新格局。

……曾想過，將來為了佛教，我要寫街頭壁報宣傳，要散發佛教傳單，要做街頭講演，要讓佛走向群眾，做些不一樣的弘法工作。（《我不是呷教的和尚》，頁二七二）

就這樣，六十多年來，從歌詠隊到梵唄，從人間音緣到佛陀傳音樂劇，從電台到電視，從製作唱片到拍攝電影，從美術館到佛陀紀念館，從法座會到讀書會，從宗教交流到世界神明聯誼，從籃球到足球、棒球，從體育到佛光啦啦隊，從佛化婚禮到菩提眷屬祝福禮，從新春給信徒的一封信，到家喻戶曉的一筆字春聯，都源於：

但願眾生得離苦，不為自己求安樂。而創意，就是從關注而來。佛教兩千六百年來，佛法從印度到中國，從佛陀到祖師大德，原有的寶藏無量無邊。我所能做的，只是把這許多智慧方便，將之「與時俱進」的發揚開來。（《我不是呷教的和尚》，頁三一八—三一九）

眾生有八萬四千煩惱，法門又何止八萬四千？站在時代的大洪流，若非「妙觀察智」與「方便慧」，眾生又豈能「摩訶般若波羅蜜」？

有話直言，難掩真性情

文如其人的大師，字裡行間流露真性情，為了佛教，他敢跟警察大聲理論，被鄉民圍山，他不客氣地直言：

難道政府要讓幾百個佛光山的住眾活活餓死在山裡面嗎？（《我不是呷教的和尚》，頁二一一）

一向關心人民福祉的他，痛恨政黨的惡鬥，不惜以「趙無任」為名，坦率直言地對政治亂象提出針砭，「趙」是人民裡的大姓，「無」是佛門中的真理，「任」是為民擔當責任的使命，他說：

雖然在自由民主體制下，兩黨語言思想上的惡鬥紛歧，導致民間的族群分裂，令人感嘆這許多的前因後果，究竟要由誰來負責。（《我不是呷

教的和尚》，頁二一二）

在動亂時期，高雄佛教堂的信徒分成台南派、高雄派、澎湖派，互相排擠，彼此鬥爭，星雲大師很感傷地說：

你們的地域觀念既然這麼重，最好把釋迦牟尼佛也請回印度去！（《我不是呷教的和尚》，頁二〇八）

對於佛事經懺，大師一向重視「先度生，後度死」，對於現在佛教過度強調各種功德項目，他十分不以為然，一旦人往生，從助念佛事到百日、週年等，讓出家人沒有辦法做更多事，只能為某一家財主服務，對此他又說：

不能讓死人死不起！尤其，人的一生也不光是人死才要和尚念經，人間的生老病死，佛教都可以給予輔導。（《我不是呷教的和尚》，頁

二五九—二六〇）

這是一位真性情的和尚，講出一般人所不敢講的真話，對政治、對社會、對佛教、對人間，將個人榮辱置之度外，一路走來，始終如一。

知人惜緣，老少皆愛之

對星雲大師而言，年齡的代溝一直都不是問題，兒童喜歡聽他講故事，青年喜歡問他問題，老人則是喜歡聽他講道理，研究他的成功之道，除了與他大量閱讀有密切的關係，大師一生知人惜緣，在生活的細節裡，感悟因緣的可貴，以真誠的情感，與人相往來。之所以受無數人敬重，不因為他是「大師」，而是他對眾生的悲憫。

緣，這個字是非常深奧、非常奇妙的意義，可以說是人生宇宙的源流。

（《我不是呷教的和尚》，頁一三六）

也因此，海內外百萬信眾，他都視為親眷，從《百年佛緣》的著作裡，為人所驚嘆的是在這位老人近百年的記憶中，竟可以如數家珍地講出他與數千位人物交往的事蹟。大師對每個人的敬重，是不分男女年齡，背著妹妹念佛的小女孩，可以讓他熱淚盈眶，高聲揚唱著「佛教靠我」的青年，也可以讓他涕淚到不能自已。

這情景，忽然觸動了我的心靈，令我涕淚縱橫，不能自已，感到一陣悲欣交集，真的是有無限的感動。我想，那時候佛陀就進入到我的內心了吧。（《我不是呷教的和尚》，頁一三八）

承襲母親不可以「無人相」的性格，大師眼裡有芸芸蒼生，心中有未得度的百姓。

樂在眾中，僧信皆平等

在《我不是呷教的和尚》中，多處點出大師「以眾為我」的性格，乃因佛陀「平等」思想早已烙印在他的血脈裡。重視「集體創作」，因為「我是眾中之一」；反對階級，所以「上與君王同坐，下與乞丐同行」。師徒間，他說亦師亦友；比丘比丘尼，他更重視發願發心；他要求僧信平等，鼓勵居士弘揚佛法，被批評白衣說法違背戒律，他指出勝鬘夫人、維摩長者皆有前例，呼籲回歸佛法真義。他要出家弟子盡己所能，救苦救難，將教書、服務、法會、供養，一律回歸十方。

> 我對弟子也有教訓，不但自己不做一個「呷教」的和尚，我也叫所有的弟子不可以做吃教的出家人。（《我不是呷教的和尚》，頁一〇一）

他說育幼院的孩子是「王子公主」，他稱護法信徒都是「頭家」，他捐出所有版稅，照顧弱勢，他也同樣關心鳥魚松鼠，視為家裡的一份子。

真正的平等，不是要求「相同」，而是包容「差異」；在星雲大師眼裡，沒有平等，就沒有和平。星雲大師因為「我在眾中」成就了平凡的大眾，但也成就了不平凡的自己。

布施供養，給出無盡藏

「不呷教的和尚」用一個字來取代，那就是「給」。

為了「給」學生好環境，於是有了佛教學院；為了「給」人方便學佛，於是五大洲寺院林立；大師說「家庭即道場，客廳即教室」，於是有了人間衛視、《人間福報》。為了讓偏遠地區受大學教育，於是有了宜蘭的佛光、嘉義的南華。為了成就愛踢球的巴西人、愛跳舞的南非人、愛唱歌的菲律賓人，於是有了足球隊、天龍隊、佛陀傳音樂劇。

這一個「給」字，是「不呷教和尚」成就十方的祕訣：

「給」就是「收」，「捨」就是「得」；不吃教，也是提升僧伽的人格、僧伽的道行。你不吃教，反而你的收穫更多。（《我不是呷教的和尚》，頁一〇八）

美國的休士頓中美寺、巴西如來寺、巴黎法華禪寺、澳洲南天寺與中天寺……乃至全球三百座道場的完成，都因布施佛法的因緣，最後與僧信共樹法幢。

星雲大師要佛教徒從「求」到「給」的改變，是扭轉學佛的心態，是提升信仰的層次，更是開創人生無限的因緣。

矢志不移，畢生為佛教

說穿了，星雲大師一生的事業與修行，念茲在茲的無非「為了佛教」。而這佛教，不在山林，不為自己，不求成佛，不畏生死。是擁抱生命的佛教，是解決生死的佛教，是落實生活的「人間佛教」。他為佛教進行了一場寧靜的革命，也為佛教重新詮釋了其中的義理：

在人間佛教的信仰裡，沒有時空的對立，也沒有生死的憂慮。我們所求得的，在消極上說，沒有恐怖，沒有顛倒，沒有沉淪，不會破碎；在積極上，生命可以更幸福、更安寧、更平靜、更自在、更解脫。（《我不是呷教的和尚》，頁三二〇）

承認「我是佛」，是自我肯定、自我承擔、自我負責，是「自依止，法依止，莫異依止」的踐行。對於信仰的認知：「信者得救，不信者也不會滅亡」，因為「生命是永恆的圓」，如四季的交替，所以充滿希望；如老病死生，所以充滿未來。

他為佛教開創新局，卻「但開風氣不為師」，他以文字、講說、歌曲、電影，傳遞著佛陀的思想，對佛教矢志不移的信念。他護教衛教，不畏懼權力的逼迫，不受名利的誘惑；為了關心社會，他被貼上「政治和尚」的標籤，想到人民的幸福安樂，問政不干治的原則，他仍然說出該說的話。

我今天沉重的向關心我的有緣人告白，今後拜託你們不要說我是「商業和尚」，或者是「政治和尚」，這些都與事實不符。我只是佛教裡一個普通的、愛教的和尚！（《我不是呷教的和尚》，頁七四）

一個不要做官，也不要錢的和尚，忍辱一生，「為佛教也，何惜生命」曾經是鑑真大師的誓言，卻也是星雲大師最佳的寫照！

轉苦為樂，淨土在人間

佛家講苦，往往讓人卻步、害怕，也讓三寶弟子厭離人間，無論三苦、八苦、惑業苦，總覺得在苦海裡輪迴，但是星雲大師將苦視為增上的力量，雖生於戰亂饑餓的苦難歲月，長於生死邊緣的恐懼年代，但是他說：

我很感念苦的價值：苦給我增上，苦給我營養，苦給了我力量。（《我不是呷教的和尚》，頁一四六）

儘管歷經多少的困苦艱難，星雲大師說他「來生還要做個和尚」，乃因苦早已成為修道上的資糧，不僅鍛鍊出耐力，淬鍊出智慧，更降伏了剛強，他沒有選擇他方淨土為歸依，而是再來人間當和尚，意味著此界他方都是道場，人間天上皆是淨土，是禪者自在的世界，更是大菩薩悲心的風範。所以大師看人間，「青青翠竹，盡是法身，鬱鬱黃花，無非般若」。

在我的心目中，感覺這個人世間到處都是菩薩，到處都是諸上善人，都是互相扶持，彼此互助，共同往佛國淨土的路上邁進。（《我不是呷教的和尚》，頁一五〇）

再問個「佛在哪裡」，他說：

當我望著虛空、看著海洋，有如見到佛菩薩的法身。甚至於一張紙畫的佛像、一塊木材雕刻的菩薩像，我也覺得那是諸佛如來跟我來印證、來相伴的同行者。（《我不是呷教的和尚》，頁一五〇）

從文化到建寺，從辦學到辦報，從台灣到四海，匯聚無數因緣的人物出現，就如重重無盡的華嚴世界，星雲大師都視為菩薩的化身，他說：

我怎能不承認他們是人間的菩薩？又怎能不承認佛國淨土就在人間呢？（《我不是呷教的和尚》，頁一五一）

不呷教和尚的辛酸歷程，是這個時代的縮影；不呷教和尚的為法忘軀，是僧侶修行的明燈；不呷教和尚的勇敢承擔，是領導者效法的一座明鏡；不呷教和尚的悲天憫人，是冷漠社會裡的一把火炬；不冊教和尚的願力發心，願聞者皆能燈燈相續！

感謝這位和尚，在點燈的道路上，為我們開啟的光明，重重無盡……

第六章　星雲大師的「共識與開放」

過去大師常提到：「遠見天下文化事業群的高教授多年來，每一年都會邀請國外的專家、學者來台灣舉辦學術講座。他們不惜花龐大的師資費用，只為了學習哪怕是一個能夠對社會有所進步的觀念。」大師表示，他從高教授這裡聽到的一些講說內容，發現有兩個方向，對台灣的經濟和社會有所幫助：一是希望各行各業要有「共識」，不要太多的紛歧，分散了力量，這對台灣不利；二是台灣雖小，只要「開放」，必定「百家爭鳴，百花齊放」，眾擎共舉，再者，大家在團結、共尊之下，必有未來的前途。

共識與開放對社會的重要性

大師常引用高教授所提過的，例如美國，歷史才短短兩百多年，因為實行「開放」政策，鼓勵全世界的人到美國投資、移民、讀書、旅行；可以說，美國的大門，永遠向世界開放，幾乎成了世界各國的展覽場，豐富多元。而最後，美國也吸收了全世界最頂尖的人才，擁有最好的科技、最靈活的企業……引領著世界的潮流。

又例如，中國大陸自鄧小平「改革開放」以來，經濟發展、社會建設，可以說一日千里，整個國勢突飛猛進。因為開放，所以國力強大，成為世界的強國。因此，大師覺得「共識」和「開放」，對社會對國家乃至世界的未來都有重大的關係。無論是宗教、政治、經濟，乃至企業、團體，任何組織，凡要有所前進與發展，就不能沒有共識與開放。

感謝高教授一生帶領著遠見天下事業群的團隊，持續不斷在推動著台灣社會進步的觀念，就如同大師一生帶領著佛光山所有弟子，持續不斷在推動著佛法落實在人間。

談到「共識」，這幾年來，身為台灣的百姓，沒有人不感到它的重要。沒有共識，足以讓一個百年政黨出現嚴重的裂痕；多年來，即使政黨輪替，但黨與黨之間沒有共識，犧牲了台灣在世界可以發展的機會，讓整個社會窒礙難行，讓人民焦慮不安……我在想：政治如果不能以人民的「幸福安樂」為其共識，就算講自由講民主，對老百姓而言，一切都只是泡沫跟口號而已。

佛光山的共識

我也在思考：星雲大師是以什麼樣的「共識」，領導全球三百多萬個佛教徒？佛光山有一千兩百多位法師，我們來自二十六個國家，不僅彼此膚色不同、語言不同，就連文化、習慣、思惟，也有所不同，有趣的是，我們沒有薪水，沒有假期，沒有私人往來，每天工作至少十四個小時，說我們是因為共同的信仰，嚴格說，應該是我們所信仰的「內容」。

大師曾說：「普世的價值是我們的信仰。」他一生所推崇的「人間佛教」，就是將佛教信仰的內容落實於人間，並且實踐於生活。他說：「堅持和平」是我們的共識，「眾生平等」是我們的共識，人我之間的「包容與尊重」是我們的共識，「同體共生」的觀念是我們的共識，所以「給人信心、給人歡喜、給人希望、給人方便」也是我們的共識，當然，「以眾為我」、「以空為樂」的思想都是我們的共識。

我們在這些信仰內容的共識中看到：因為平等，才有和平。我們深信，無論來自哪個國家、哪個民族，每個生命都是獨一無二的珍貴與神聖，無論男女、出家在家，哪怕是異教徒，都有佛性（也就是覺性），但是我們不能不彼此看到：這是一個同體共生的關係，是您牽動著我、我影響著你的一個網絡。

一個領導者不能不知道，一句對部屬的鼓勵讚美，可能使他後面的一家人共同有了希望；一個看似簡單提拔人才的助緣，可能因此成為讓企業向上的主要原因。這世間在緣與緣之間所交織的網絡，都應該為這個生存的系統找出最大公約數：愛護生命、愛護地球、尊重彼此、包容異己、創造和平……說是為了別人，也是為了自己，更為了我們的下一代，不是嗎？

這麼說起來，每個人都要有智慧地去思考這一層層的關係，如果有一天，黨內的共識，是用來傷害對手，最後必然也傷害了整體人民，剩下的只有彼此的仇恨，以及支離破碎的家園。

星雲大師關心這個社會，關心國家的未來，他嘗試求和求好，期許無論兩岸各黨，都必須為無數的人民、無數的家庭，泯除對立，深度對話，都必須記取歷史教訓放下仇恨，才能起步重來，創造共尊共榮的社會。他始終認為自己是台灣的中國人，從歷史上，沒有分割的中國才知道飲水思源；在文化上，沒有分割的中國才知道中國文字的美、過年過節的意涵，包括食衣住行無所不在的生活樂趣。否則有一天，人們可能會忘祖，也會忘本，到最後孔子媽祖都可能變成了外國人。

開放帶來的可能性

其次，講到「開放」。這兩個字，在這個時代用得最成功的典範，就是剛剛提到的中國大陸。星雲大師不止一次地讚嘆鄧小平先生，因為改革開放，使十三億人口有了翻轉生命的機會，也因為開放，讓世界走向中國，並讓中國走向了世界。

同樣地，我觀察星雲大師的一生，他之所以能夠讓佛教走向世界五大洲，也是因為「開放」的胸襟。他讓佛教「從山林走向社會」、「從寺院走向家庭」、「從出家走向在家」，以不拘泥形式的弘法方式，從靜態到動態，從講說到服務，從平面文字到電視電影，他鼓勵佛教要積極地對國家、對社會、對民眾做出服務，做出貢獻，以出世無求的心，做入世服務的工作，但也在入世的鍛鍊中，驗證出世的真道理。在相對的因果關係中，他老人家提醒著我們，佛教若遠離人群，也必然被人群所遺忘。

分享一個有趣的公案。佛門一向起得早，對於年輕人而言，這是生活上非常大的挑戰。有一天，星雲大師突然召集全山講話，主動提出「改革」，他說要將叢林生活每天四點半起床，改革成五點半起來。當時還是佛學院老師的我，正好跟學生們坐在一起，心裡暗暗高興，因為，「我就是那個永遠沒睡飽的老師，怎麼星雲大師連我們沒睡飽都知道……」

這時候，大師以他一向民主的風範，先向台上每一位長老詢問意見，只見長老們一個個皺起眉頭，面有難色，畢竟早起精進本來就是出家人應有的本色。

大師向大家說明，我們現在的生活和過去的佛門不同，過去寺院沒有電，太陽下山就要睡覺了，一天總是睡足了才起來作務；但我們現在有電，晚上常常工作熬夜，沒有足夠的睡眠，如何有好的體力讀書、弘法呢？

大師不拘形式，打破傳統地讓我們知道很多戒律的來龍去脈，為了公平起見，他還是讓全山大眾以民主的方式舉手表決，最後以壓倒性的票數成功通過，從此佛光山五點半起床，但是，大家沒有因此而懈怠，反而精進讀書弘法服務。

另外再舉一個例子。佛陀紀念館在民國百年落成，落成後經全山表決通過，無論再困難，也要免費讓世界各國人士來參觀。對一年一千萬人入館的我們而言，水電人事開銷都是非常龐大的壓力；但是我們想到，如果每個人收一百元台幣，一家人可能就要付五百元的費用才能進來，這無形中會阻礙了更多人進來的機會。大師說，成就佛館的大因緣就是要開大門，不准收錢；所以，借輪椅不用錢，借嬰兒車不用錢，任何人只要留下電話即可，連證件都不需要，這對很多企業管理者是非常顛覆的做法。

二〇一一年，大師說，這麼多的宮廟帶著神明來，何不開放一個日期，讓神明統統進來？當時，我們聽了很不習慣，神明一來，這裡還算是佛教嗎？會不會讓人覺得神佛不分呢？大師還進一步把日期訂在十二月二十五日，這一天是聖誕節，我們決定就以這一天為聖賢日，讓台灣各路神明統統進來佛館。

這下子不得了，神明來了，聖嬰也來了，聖母瑪麗亞也跟著來了……每年這一天，成了台灣宗教盛事，近十萬來自各宗教的教徒，湧進佛陀紀念館團圓。於是我們就從台灣的宮廟聯誼，延伸到世界傳統宗教的大聯誼，最後引來了無數的學者專家，紛紛研究台灣宗教的融合大事。這當中，有不了解佛教的人開始對佛教友好，因為沒來過、沒看過各宗教交流，突然大開眼界。原來，宗教間是可以如此友好，可以超越宗教之間的界線，彼此接納對方。

共識與開放的價值

我認為，「開放」是一種洞察時事變遷的智慧，是一種觀照眾生的慈悲，它不拘泥舊時代的包袱而能「與時俱進」，所以不斷創新；「開放」是一種「空性」的展現，正因為空無相，無所不相，所以能夠打破框架，展開無限的可能。「開放」也是人我之間搭起的各種橋梁，無數的管道，如交通網絡一般，你來我往，我來你往，在人來人往的各種交流中，從陌生到接納，從接納到欣賞，使同中存異，異中不一定要求同。「開放」必須放下成見對立，使自己虛懷若谷，重新歸零，所以能夠榮辱置之於度外，僅管紅塵滾滾，心中的世界依舊海闊天空。

以上分享，是弟子在星雲大師身上所見證的「共識與開放」。同樣地，我在高教授跟家師兩位彼此之間的情誼中，也見證了他們的「共識與開放」。高教授與家師所學的領域截然不同，宗教信仰不同，但他們卻一樣重視文化，一樣關懷教育，一樣期許社會進步，一樣堅持和平，一樣掛念中國人的未來，這是「共識」的建立；而他們可以打破自己專業領域的框架，超越宗教信仰的藩籬，一起舉辦書展，一起推動真善美傳播貢獻獎，這是「開放」的表現。

我相信這個時代的任何人，只要願意建立「共識」，「開放」胸襟，朋友可以成為知己，敵人恩怨可以化解，異教徒也可以成為最佳的合作夥伴，共同來促進我們人間社會的美好與和平。

（本文原發表於第十四屆華人領袖遠見高峰會，二〇一六年十一月三日）

次篇

人要的

我始終相信，「菩薩在人間」，因為在我所遇見的人物裡，「不退菩薩為伴侶」已經不是未來的期待，而是在人間處處可見的動人畫面。這樣的相遇，讓我常常感動莫名，深信「願力」會牽動著「願力」，在「願眾生得離苦」的希望裡，菩薩總會相互輝映，帶來彼此的「感應道交」！

第七章　一位關心眾人之事的和尚

也許是小時候受過父親的叮嚀：「不准碰政治，政治非常黑暗。」使得我對政治一向反感，甚至對於做大官的人抱有一些偏見，從未想過出家後的我，竟然重新看待這個時時刻刻影響著人民一切生活的所謂「政治」。

出家人能關心政治嗎？

「政治」是「管理眾人的事」，既然管理眾人的事，全天下的人民應該都會很在意所託付的「管理人」是否適任？他們在做對的事嗎？他們朝對的方向前進嗎？他們要把人民帶往哪裡？甚至，人民都應該有權了解：他們真的以人民福祉為考量嗎？還是他們藉管理人之名，行濫用民膏民脂之實？

為了避免人民被管理人所宰制，於是有了所謂的「民主」制度，讓每個人民都有決定管理人的選擇權。於是「選舉」前，人民總會眼花撩亂地接收「被選舉人」信誓旦旦的諾言，但往往在選舉後，發現其諾言並未被履行。小老百姓只能無奈承受，繼續期待著另一個管理者的出現，如此周而復始，一再被欺騙的老百姓若要能遇到一位有德又有能的管理人，似乎變得可遇而不可求。然而，從事政治的人都應該要以人民的心為心，以百姓的幸福安樂為共同的目標才是。

如果以上的認知沒有錯，人人都應該有權力來關心自己所處的政治環境，一旦走偏了，一旦錯得離譜時，老百姓也應該有權提出人民的心聲，提醒管理人真正了解人民的需要，既然如此，這個關心人民的人，如果是個「出家人」，行或不行？

我想起第一次被師父點名開牌代表出席「桃園中壢禪淨中心」的新春祈福活動，我的任務其實很簡單，只要帶貴賓上香誦經，並給予新春祝福語。這個禪淨中心是吳伯雄榮譽總會長捐出來的，讓會員們有個修持的地方。伯公是一位政治界備受敬仰的長者，這次的春節祈福他應該是希望讓王金平與馬英九更加友好，畢竟凡事要圓滿，內部若不能和，必定難以應對更大的外部挑戰。

政治人物也是人

但是當時還對政治有偏見的我，面對滿滿的記者群不斷拍照，感受是非常不自然的。席位從左而右就是吳伯雄、王金平、馬英九跟我四位，我的表情僵硬無比，對於自己跟三位政治明星坐在一起，內心五味雜陳。當天到底自己說了什麼祝福語早已不記得，只記得我問大師：「出家人為什麼要跟政治人物在一起？」現在想起這一段，實在既羞愧又失禮，大師實在是太高估了我這個徒弟，除了電話中鼓勵我要勇敢，「**政治人物也是人，他們也需要佛法。**」這句話倒是讓我聽進去了。

是的！「政治人物也是『人』。」人有七情六欲，人有嫉妒、比較的習氣跟毛病，人也有想要為眾服務的願心，備受打擊時也會有退縮怯懦的煩惱。當然，人也有像我當時一樣的偏見與主觀，會做出不當的情緒反應。政治人物在具備這些「人」都有的元素下，自然有很多的不圓滿，也自然需要一些能夠從高處點醒的智者。接受與否，我們若以為只是「個人造化」，那就真的不是了，因為政治人物的「個人造化」會影響社會，他們若非為人民，若貪圖名利，若公報私仇、假公濟私，最後都有可能犯下幾輩子也無法原諒的惡因，會讓數千萬百姓陷入苦海。

不是嗎？高希均教授曾說：「政策的錯誤比貪汙更可怕！」既然如此，關心人民的出家人能置之度外嗎？出家人能不關心這個處處左右著人民政策的「政治人」嗎？如果政治是充滿算計與邪惡，那我絕對肯定地說：「星雲大師是最不懂政治的和尚。」因為他沒有考量自身的榮辱，他講的是「大是大非」，點出政治人的盲點，寧可自己被網軍攻擊而受苦，只想到普遍百姓的幸福，被貼上紅色標籤時，他依然堅持兩岸一定要「和平」。請問：這樣的和尚，是「政治和尚」嗎？

政治人物應有的胸襟與智慧

記得一次馬英九來拜會大師，那是他決定參選總統的一場請益，想不到大師當面第一句話竟是：「馬英九，您不是馬英九，您是兩千三百萬的人民。」在旁邊的我愣了一下，這句話分明是要破除「我執」，希望馬先生可以置個人榮辱於度外，不要太在乎自己的羽毛，要以兩千三百萬人民的幸福為前導。過去陳水扁當選總統後，來向大師拜會，大師一句「您要做全民的總統，不要做一黨的總統」讓身為弟子的我有了對政治更深的理解，無論是藍是綠，沒有什麼比「心中有人民」更為重要。一生都受到敬仰的吳伯雄先生，則是因為大師的一句「退一步，海闊天空」而領悟政治人要能跳脫廝殺的危機，要有「轉身」的智慧。

大師曾以「趙無任」為筆名，寫出一個老百姓對政治人物的評論與心聲，無論是藍是綠，中肯地提出政治應有的正確方向，黨派「惡鬥」導致社會停滯不前，因「舊恨」無法提拔真正為社會的人才，因「私利」甘願犧牲人民的健康與安全，難道這些眾生百態，老百姓看不懂嗎？難道出家人看不懂嗎？別忘了，出家人也是人，出家人更多是讀書人，關心人民的「出家人」就要被社會醜化嗎？

多年後的我，體會政治人更需要「自覺」的內在涵養，台灣也曾有過蔣經國、孫運璿、李國鼎等勤政愛民的政治人物，他們知道人民的需要，為台灣帶來曾經的繁榮；過去佛陀時代，許多國王也曾向佛陀請益如何治理國家，而今，出家人被認為不應該關心政治，一旦表達對社會議題的任何想法，都可能招來網軍的撻伐或媒體的揶揄，在我眼裡，其實是社會國家的損失，更是這個時代佛教的悲哀！

反省選舉的真義

過去，我單純地以為「選舉」就等同「民主」，老百姓以「選票」決定誰做我們的領導，可是當我知道社會上還有「賄選」這回事，才發現原來選民或候選人一旦有了名利的誘因，一切就會變得不單純。我聽過在中南美一些落後的地方還出現過「選前送一隻鞋，當選後才能再送另一隻鞋」，選票成了老百姓「換一雙鞋」的價碼。

過去我以為一人一張票很公平也很公開，當我知道原來各地的票箱，都會留下每一位候選人的票數統計，一些地方甚至拿來做「秋後算帳」的依據，才驚覺老百姓的一票，還有餘波盪漾的「後座力」，這其中有人情的包袱，有地方較量的勢力，更有交換名利的合作關係，甚至有地下賭注的輸贏……

閱讀了知名歷史學家許倬雲的《現代文明的批判：剖析人類未來的困境》後，我重新思考「民主」之所以變質的原因：當知識或科技轉變成巨大財富，不再是國家政策的監督者（學術），反而轉身為巨大財富所得的獲利者（經濟），這些人最想要的就是成為政策的制定者，甚至左右制定國家法令的推手（政治），或支持對他最有利的政黨，以致於整個社會發展走到了斷崖上：知識帶來巨大的財富，再拿財富去左右對他們最有利的政治方向，使得貧者愈貧、富者愈富。造成國家必須為少數巨大財富擁有者效勞，而漠視廣大人民的需要。在西方顯而易見的校園槍殺案，儘管事件層出不窮，國會議員卻很難對槍枝進行更有效的管制，那些被「軍火商」所支持的議員，面對許多喪失性命的無辜百姓，寧可選擇逃避自己的良知。

大師的遠見與智慧

星雲大師為佛教立下了宗長（方丈）的選舉制度，在一九八五年就堅持退位，在當時還是戒嚴時期的大環境，為此還接到總統府來電告知，不得說「退位」二字。儘管如此，佛光山沒有因為星雲大師的退位而停滯發展，至今已是第十一任宗長的心保和尚，依舊帶著佛光山僧信教團向前行，這背後的「選舉制度」也讓我見識到大師的遠見與智慧。

首先，為了讓大眾「依法不依人」，佛光山以公平公開的方式，遴選出十一位宗務委員，再由十一位宗委選出「宗長」以領眾薰修。大師認為，具有「投票權」的人，一定要有基本涵養，對佛教要有基本了解，在序級中屬「學士三級」，多半出家都已五年以上，未達「學三」者皆屬列席觀摩，他們要學習民主的素養，要了解佛教的興衰，更要懂得佛教發展的方向，大師認為一個國家要實現「民主制度」，人民的素養非常重要，相對於現在的人，雖高喊人人一票，並不意味著每個人都清楚國家的方向或社會的需要。

至於誰擁有「被選舉權」呢？凡「學士六級」以上便具有這樣的身分，要達到學士六級，多半已經出家二十年以上，在「學業」、（弘法）「事業」及「道業」上都有一定的程度，他們過去在不同單位也都受到肯定，在學養上具備一定的條件，尤其他們肯為大眾服務。即使資歷淺卻被提拔上來的法師，也因為有其特殊的發心與長才，一旦被選上，大眾也都尊重制度。

至於評鑑的機制則是透過「自我評量」，反省自己的「學業」是否增上？在佛法的講學、研究或著作上有沒有提升？對弘法利他的「事業」有沒有發心？對個人心性的「道業」是否清淨？評量後再轉給單位主管，主管針對平日的觀察給予評量，接著就送至其所屬的院會長做評鑑等，每一位主管都期待人才輩出，恨不得拉拔出能擔當大任的「法將」，這跟一般社會不太一樣的地方是：大多數人都不希望被提拔上來擔任主管，更沒聽過有「拉票」這回事，因為每個人都深知主管肩負的是付出、責任、挑戰與承擔。再多的工作也沒有任何報酬，只有心甘情願犧牲更多的睡眠時間。

制度領導，唯法所依

記憶猶深的是在二〇〇四年，那是我第一次被遴選為宗務委員，同一期有老中青不同的年齡層，大師說寺院發展需要老幹與新枝，而被遴選出來的宗長是年輕有為、年僅四十的心培和尚，他以佛光山的糾察兼任佛學院的老師，轉而為全佛光山的方丈，可說是完全顛覆了佛教界的想像。

陞座當天，數千名僧眾與信眾代表坐在大雄寶殿成佛大道的廣場，心定和尚交接給心培和尚，由開山宗長星雲大師親自監交，當所有新當選的宗委要向這位年輕的宗長頂禮宣誓效忠時，長老慈容法師也一樣跪下頂禮，整個莊嚴的交接儀式如法如儀地依序進行，震撼了許多資深的信徒。慈容法師跟隨大師出家六十年，且擔任過都監院長、西來寺住持、佛光會的署理會長、號令萬人的各種大型活動總指揮，這一幕讓一些老信徒十分不捨，沒想到慈容法師竟毫不猶豫地說：「這就是制度！」

「這就是制度！」一句話道盡了星雲大師對佛光山管理的明確方針，「集體創作，制度領導，非佛不作，唯法所依。」讓佛光山五十多年來的發展不斷向前。選舉制度的目的乃「選賢與能」，任何人的一張選票都決定著大眾即將承受的優劣與方向，甚至影響下一代子孫的安樂幸福，如果選票成為人情包袱的負擔，成為地下賭場的角力，或成為政黨的較量，沒有為人民的幸福來著想，沒有以國家的進步為考量，甚至為了選舉而上演一連串「鬧劇」，或變相為權力爭奪的「醜劇」，這樣的「選舉」所帶出的「民主」，其意義在哪裡？而這樣的「民主」，最終想要帶給人民的未來又是什麼？

第八章　慈悲・無畏・忍辱

如果您問我：慈悲從何而來？「從不忍眾生苦而來！」可偏偏慈悲不能沒有智慧，所以您會問：智慧從哪裡來？我會告訴您：「從人生的風浪煩惱裡來。」

承擔與忍辱

二〇二一年五月二十九日，台灣面臨前所未有的嚴重疫情。在這之前，口罩、防護衣都曾經是民間極度匱乏的基本物資，再加上人民因為得不到國際疫苗的施打，一個個確診被強制送去隔離後，就沒能與親人再見最後一面。在這端的家人急如熱鍋上的螞蟻，不能陪伴最親愛的家人離世而痛苦；在那端飽受病毒折磨的病人，即使希望見家人最後一面都難以如願以償，在孤獨與害怕中死亡。他們如自己的親人一般，彷彿就在您我身邊不斷上演著愛別離苦的悲劇，這是任何一個老百姓都難以承受的恐慌，卻蔓延在台灣的社會。

那段期間，為避免信徒染疫，寺院不得不關門，我除了帶著法師們讀書修持，眼看著民眾極度不安，決定每天禮拜《梁皇寶懺》的功課，開始改以「線上」形式分享給正在隔離中的病人，連續五部的《梁皇》祈求這場災難盡快遠離，一面思索著，身為出家人的自己，還能為人民做些什麼？如果得不到疫苗是因為政府礙於國際空間的有限性，身為「非政府組織」的我們，能不能基於人道救援的需要，即時伸出援手？至少有機會搭起政府與疫苗原廠的橋梁，透過佛光人的捐贈，盡快讓國際疫苗來到台灣。

在金光明寺的成佛大道廣場上不停來回踱步，我問自己：什麼是「慈悲」？如果替老百姓向政府請命，會為個人帶來危險，「要不要向前？」我繼續在成佛大道的廣場上踱步思索，問自己：「我害怕什麼？人心的險惡？」我又自問：「再險惡，到底不過命一條，我害怕什麼？」想起經典裡佛陀於過去生中曾殺一惡人救五百商人的故事，我告訴自己：「是的！向政府請命，如果會遭受各方言論的批評，甚至滅頂，我願意！更何況台灣老百姓豈止五百！我願意！」

果不其然，一紙公文等不到政府的回應，卻迎來了媒體的大肆報導，過程的混亂早已模糊，捐贈疫苗成了人民的盼望，也同樣帶給執政者壓力。我將〈請政府但念蒼生之苦〉的表白傳給了《聯合報》，在報紙上一小塊的人民心聲，卻帶來了不小的震盪。各種輿論的聲浪襲面而來，在吵雜的音聲中，我再次向佛陀深深禮拜，「慈悲是什麼？」彷彿佛陀告訴我：「慈悲要堪受一切榮辱得失，且沒有榮辱得失的心。」

回想最初的第一念「不忍眾生苦，願台灣人民度過難關」，卻不料掀起了風浪。浪的這頭，是一群忙著交涉溝通兩端，唯恐遇到阻撓的熱心人士；浪的那頭，是一群忙著發表意見，以掌聲噓聲回應的熱心人士；而風浪的「源頭」，不過就是一個「善念」，別無其他。給掌聲的人說：「寫得好！把人民的心聲講出來！」給噓聲的人說：「出家人寫這些，不怕佛教被人秋後算帳嗎？」當然還有更多夾雜著個人豐富想像力、隨著浪潮的風言風語，考驗著最原始的「善念」

是否動搖，彷彿這紅塵就是一座淘煉修行的道場，必須歷經「稱、譏、毀、譽、利、衰、苦、樂」八風的洗禮，且還能依舊安然無恙。

大師的教誨

在這段時間裡，我多麼思念正在病中治療的師父，多麼希望他領著我向前，給我力量與信心，直到遠見天下創辦人高希均教授說：「我相信如果大師健康如前，也一定會這麼做。」這句話給了我好大的鼓勵。

一向「以眾為我」的師父，他始終以「眾生需要」為考量，儘管曾經受過媒體惡意的扭曲，卻始終堅持做好一個出家人該做的事、說該說的話。星雲大師以「趙無任」之名，講出老百姓的心聲，在一連串對台灣政黨諸公的針砭文章後，身為弟子的我，陸續接到惡意電話時，內心如「三百矛刺心」之痛，我問師父：「明知道這麼寫會得罪很多人，明知『講真話』會帶來許多惡意的中傷，師父您為什麼還要承受這一切？」想不到師父竟悠悠回答：「做個出家人，就要說該說的話，做該做的事！」

現在回想起來，師父始終為弟子們做出身教的示範。為了不要戰爭，他奔走兩岸，「這裡」視他為「外省和尚」，「那裡」說他是「境外人士」，他依舊不改出家人本色，積極推動交流友好。無論傳播媒體是褒或貶，他，就是星雲大師，一個「堅守和平」的大和尚。接受一切的榮辱，卻不把榮辱放在心上，原來「慈悲」不僅僅是善念，更是無畏、承擔、忍辱、負重，乃至空性智慧的轉化。

慈悲的不易

這場洗禮也讓我對「慈悲」有了更進一步的體會，「慈悲」若沒有對無常、無我的體認，就肯定被拴在人我是非的框架裡；慈悲若沒有空性的智慧轉化，就看不到風浪裡的浪花，看不到浪的起落，更體會不到這是一場美妙的「說法」。是的！「慈悲」讓我領略了一場「大煩惱」，慈悲更讓我接受了「八風」的滋養，重新體會在紅塵裡「慈悲」的不易！

原來，「慈悲」一點也不簡單。在「予樂」（慈）、「拔苦」（悲）的實踐過程，不僅是一個善念，更是一心為蒼生的「大擔當」；是一種「大無畏」，不畏榮辱得失，只為眾生著想；慈悲更是無條件的「大堅忍」，在納受一切風浪裡的眾生，連個人都可能遭受滅頂，卻依然要堅定初衷：「願眾生離苦！」

此時，突然想起佛經曾記載的「舍利弗」尊者，為救青年母親之病而甘願挖眼的故事，此時對「慈悲」有了更深刻的體會。他好心把左眼挖下來，對方說挖錯了，再把右眼挖下來，被嫌棄又臭又髒……這份救苦的慈悲，會被人嫌棄，會被人謾罵，也會被扭曲，還有人說：「夠傻的！沒事蹚這渾水……」是的！因為慈悲本來就沒有算計，除了救人，哪裡會有利害得失的第二念？在星雲大師的心中，慈悲猶如面對自己身上的一塊肉，就是爛了、壞了，依舊想盡辦法找最好的藥方治療，永不放棄與失望。

在娑婆這塊凡聖的同居地，想起家師對李開復先生的一段叮嚀：「要珍惜周遭的一切，不論善惡美醜，都有存在的價值。就像一座生態完整的森林，有大象、老虎，也一定有蟑螂、老鼠。完美與缺陷本來就是共存的……」是的！我們討厭蟑螂老鼠，我們希望與「善」為伍，卻不能不知「惡」隨之而存。若不能接受，只有痛苦！

「接受」，是大師一生不斷給弟子的教育：「『無理』你能接受，『有理』你能不接受嗎？」人生有太多的無理，有太多令人難以接受的事實，甚至空穴來風，顛倒是非，一句「接受」，豈是如此簡單？「接受」需要多大的忍耐，不管喜不喜歡，如實地去認識它、面對它、理解它，乃至包容、承擔等，更是生忍、法忍、無生法忍的修行體證，這些都是出家人應該要學習的涵養，是自己更要精進的地方。

「慈悲・無畏・忍辱」看似三個不同的議題，卻彼此息息相關，更是任何實踐菩薩道的行者需要淬鍊與涵養之所在。

第九章　慈善，要給人尊嚴

很少人知道星雲大師一生辦過好幾家養老院，還建了大慈育幼院、佛光診所、雲水醫院，並在台灣每年提供獎學金照顧至少兩百位清寒學子；在巴西貧民窟幫助邊緣少年，為他們開辦足球隊，讓他們上大學；在菲律賓馬尼拉開辦光明大學，免費讓清貧學生讀書，為了幫助熱愛唱歌的青年成立音樂劇團，在宿霧蓋了一所藝術學院；大師還為南非女孩成立「天龍隊」，讓她們從擊鼓與舞蹈中找到天賦與自信。

這些多到無法一一細數的「慈善」公益事業，之所以少有人知道，是因為大師不喜歡拿「慈善」做標榜，他認為「慈善，本來就應該要做」（有什麼好說的）！即使投入救苦的各種關懷，他也都以「極謙卑」的態度看待每一位受苦的人。他不願意因慈善而張揚，不讓受苦的人二度傷害，「慈善，要給人尊嚴」始終是他堅持的風範。

大師的言教與身教

我永遠記得大師在汶川大地震為災民講話，他說：「我不是來『救災』的，我是來『報恩』的！」當時我心想：「怎麼這裡會有大師的恩人呢？」想不到大師繼續說：「我從小受『李白』詩詞的薰陶，讀《三國演義》（蜀國），這些內容啟迪了我的一生，教會了我『忠孝節義』的精神……所以我來，是為『報恩』而來！」說完後，台下掌聲如雷，包括我在內，現場無不因這席話而感動，在泛著淚水的掌聲中，我見證了什麼叫做「慈悲」！大師一生除了「給人信心、給人歡喜、給人希望、給人方便」的「四給」信條，還用「給人尊嚴」讓災民有尊嚴地接受幫助，星雲大師的行儀、氣度與風采，讓任何人都忍不住對他產生更高的敬仰！

這樣的言教與身教，確實給弟子們莫大的影響。還記得二〇一二年我受邀出席「博鰲亞洲論壇」，在「公益論壇」上被主持人楊瀾女士問到：「您對『某富豪』到處撒錢幫助窮人的行為，有何看法？」我不假思索地回答：「我相信這個人的『立意』是善的，但是，在人情冷暖的社會裡，有誰希望別人知道自己是『困頓的』？所以，『慈善，要給人尊嚴』，這是家師星雲大師一向的作風，也是做公益者不能沒有的精神與態度。」沒想到這段話，不僅換來現場熱烈的掌聲，更在次日的當地報紙上，以斗大的標題「慈善，要給人尊嚴」，報導了我所分享的一些小故事，包括佛光山「大慈育幼院」給孩子們自尊的教育。

一向不對外開放的「佛光山大慈育幼院」，五十多年來已收養了千餘個孩童，這些孩子都是星雲大師口中的「小公主、小王子」。在過去台灣還十分拮据的年代，當年佛光山也還在愁於沒有經費建設的歲月裡，育幼院接受了從最早的棄嬰，到後來社會局送來的失親孩童，儘管建寺辛苦，大師絕不會把孩子拿去當「化緣」的工具，凡「別人家的孩子有皮鞋穿，我們家的孩子也不能少」。

大師告訴孩子們：「別人只有一對父母，您們卻擁有好多好多的父母，除了生您們的父母，每天陪您們成長、教養您們的父母（育幼院老師們），還有佛光山的法師、信徒們，他們統統都是您們的父母！」孩子們就在這個充滿「被鼓勵」與「愛」的環境中長大，他們「有尊嚴」地去上學，還主動邀請同學回山「作客」，開心地向同學介紹自己的「家」，他們擁有自己的圖書館、漫畫屋及麵包坊。

為避免孩子從小被人以「同情的眼光」看待，佛光山不讓遊客隨意進入育幼院，更不會把孩子的故事透露給任何一家媒體，以確保每一位小公主、小王子都在安全健康的環境裡成長。他們從小學習自己折棉被、打掃整理，或手做麵包，或學習樂器，甚至製作花車遊行，到海外遊學、留學，一直到結婚成家。成家後，大慈的孩子仍然會回來關心弟妹，因為這裡有疼愛他們的星雲大師，他們口中的「師公」。佛光山永遠是他們的家，是困難時的後盾，更是無助時的臂膀！

寒冬裡的春天

帶著對「慈善」的認知，二〇一五年我被派到新北市三峽金光明寺，想不到就在次年即將過年的一月份，台灣氣溫驟降，尤其三峽乃三條溪的匯流處，地處溼冷的環境下，這一降溫竟然飄起了雪，寺院兒童班的孩子第一次看見下雪，興奮地又叫又跳，我則掛念著：「這麼冷，窮人怎麼過年？」過去大師常叮嚀弟子們，道場要敦親睦鄰、友愛鄉親，照顧在地的里民，成了坐落在任何一個城市的寺院任務之一，再加上金光明寺地屬「郊區」，「這麼冷，窮人怎麼受得了？」

三峽區長曾這麼跟我形容：「三峽有三區，一區叫『特區』，住的都是一些『特殊身分』的人，三不五時就要區長過去解決問題；第二區叫傳統區，像三峽老街這類地方，保有傳統的特色，具有三峽文化的地方。」當時我還忍不住問：「那金光明寺這一區叫什麼？」區長笑笑地說：「你們那裡喔……就叫『郊區』、『山區』啦！三峽最窮的人都住在你們那一區……」我一聽，瞬間想起三峽國中的輔導老師也曾說：「一些家境困頓的家庭都在寺院那附近……」這也促使我一心希望寺院有一個屬於孩子的閱讀天地，也就是後來完成的「大樹書屋」兒童圖書館，這是送給郊區孩子的「特有禮物」，讓他們下課後有個可以看故事書、寫功課的地方，也藉此避免孩子在外遊蕩，不慎被幫派吸收。

是的！二〇一六年初的金光明寺真的飄起了雪，想到這附近辛苦的里民，決定在最短時間內發起「寒冬送暖」。我不知道自己有多少能力，也不知道最後可以幫助到多少戶家庭，但是我相信：有願力，必定能夠號召更多人參與！只是，才初到寺院半年、缺乏經驗的我，心想：寒冬要「送暖」，除了毛毯、奶粉、油、米，能不能給每一個家庭經費上的幫助？或者「再多一點」什麼？

「慈善，要給人尊嚴！」這句話深深烙印在我的心裡，我們決定，除了物資，還要給這些家庭不一樣的「送暖」——一場溫馨且快樂的「音樂饗宴」！就在瞬間，我想到了古典音樂界的「創意點子王」——張正傑老師，如果他肯來金光明寺，讓每一個弱勢家庭見到、聽到、感受到音樂的美好，讓沒有機會進去「國家音樂廳」的人，都能夠在金光明寺大雄寶殿內享受著「國家音樂廳」等級的音樂饗宴，再透過「祈願祝禱」讓大家得到諸佛菩薩的護佑，不知該有多好？

果然，菩薩總會給人「滿願」，僅僅一通電話：「張老師，您能不能來幫我辦一場『窮人音樂會』？」老師便一口答應，而且不是一場，是每一年都一場，至今連續舉辦了十年，張老師以完全義工的奉獻，帶來每一場不一樣的驚喜，因為一個承諾，從此沒有間斷，帶著一把大提琴，把音樂家們請來表演，讓台下的民眾聽得如痴如醉。

而每一年金光明寺對「福田戶」的承諾，儘管遇到最嚴峻的工程修繕，在經費拮据下，依舊堅持著這份送暖的心意，從八百戶增加到一千兩百戶，幅員也從三峽、樹林、鶯歌，到土城等新北市各地的弱勢家庭。

菩薩永不退票的承諾

時光飛逝，到二〇二五年的一月五日，已經是金光明寺舉辦第十年的寒冬送暖。這一次，我從住持退下，改以貴賓身分坐在金光明寺大雄寶殿的舞台下，靜靜地欣賞著我所熟悉的音樂會。張正傑老師如往昔一般，帶來了台北國家劇院最頂尖的音樂家最精采的表演。雖然我已經將金光明寺住持的棒子交出去，張老師依舊信守承諾，以最美麗的音樂與歌聲融化現場的每一個人。這群音樂家在寒冬裡帶來了春天，他們為冷漠的社會帶來了溫暖。

坐在台下的我，心中是滿滿的感動。我見證了「菩薩的承諾」不因時空的遷移而改變，見證了「諸上善人」無所不在；我讚嘆著每一位護持的信徒，在家境並不是那麼優渥下，仍願意幫助困苦的家庭；讚嘆新任住持有果法師帶領著年輕的法師繼續勇敢地承擔起寺院的重任，讓活動流暢進行。坐在台下的我，體會到「感動的世界最美」！感動在大寮烹煮的義工菩薩，為了這一天要供應至少四千碗的臘八粥，一週前就忙上忙下，煮完後，行堂義工還要把每一碗粥裝好，讓來到寺院的人不只能吃到熱騰騰的臘八粥，還能夠帶幾碗回去給家人。每一碗粥內有豐富的食材，都必須煮到入口即化的交融，光是芋頭、紅蘿蔔切丁的工作，就要費龐大的工程。

義工菩薩往往都是阿嬤級的年紀，想到他們無量願心的付出，讓「福田戶」除了聽到、看到，還能吃到這份帶著祝福的溫暖，讓每個人感染到「法寶節」的喜悅，在暖胃的同時，得獲「暖心」的鼓舞。感謝新北市政府及各區區長、里長親自為福田戶安排交通往返與陪伴，讓大家笑咪咪地如同回家一般喜悅，原來「施與受等無差別」的幸福就在這裡，我見證了一個「有情有義」的世界。

一面感動著，一面聽著優美的音樂，我回頭看著跟我一同坐在台下每一位福田戶的表情，一小時的節奏豐富流暢，大家忍不住地拍手，上下老小一起互動的笑聲，這也正是張正傑老師一向的風格。數十年來，我知道他帶動了古典音樂的「普及化」與「生活化」，打破了進去「國家音樂廳」的門檻，張老師讓老人小孩將音樂轉為生活的一部分，他也開啟了窮人都能走進去的音樂殿堂。

這讓我想到星雲大師一生總要把佛法「普及化」、「生活化」、「藝文化」，深奧的佛法要讓人「聽得懂」，只有「聽得懂」，才能對人生產生受用，也才能「化入」生活。當佛教透過各種親近人們的方式，在最樸實無華的生活裡產生正面的影響與感動，猶如菩薩們總是會把最高的深邃道理，透過善巧方便的智慧，走入眾生的心靈，讓市井小民都領略古典音樂的脈動與能量。

一場寒冬送暖音樂會，我不僅看見福田戶聽得神情專注、面容喜悅，台上每一位音樂家以他們的專業與豐富情感，詮釋著每一曲精采的樂章，他們的琴聲與歌聲，讓即使不懂音符的老百姓，都能浸潤在優美的音樂世界裡，張老師將這樣的願力，不僅走入國家音樂廳，更走入了稻田，走進金門坑道，如今更走入了寺院。

不退菩薩為伴侶

到現在，寒冬送暖已經成了地方每一年的盛事，數千人來到金光明寺，佛光童軍團的孩子們負責進來時的引導，回去時幫忙長輩提著油米等物資，青年團負責典禮的進行，各分會佛光會員負責在廣場的報到組、物資組、典座組、行堂組，同時負責淨房的環保，金剛義工則負責指揮交通、維持秩序。音樂會後大家開始分送物資，有母親背著孩子坐在階梯享受著熱騰騰的臘八粥，有長者坐在廣場的椅子上晒著冬日暖陽，一面吃粥一面跟其他長者談話，整個廣場坐滿了人群的畫面至今難忘，這也是我見過「人間有情」最美的畫面之一。

記得有一年活動後，在教室旁的角落，一位婦女邊吃粥邊啜泣，我問她是不是受了什麼委屈，這位婦女竟然說：「這是我嫁到台灣三十年來，第一次感覺到被人疼愛……」聽了實在令人心酸，我忍不住告訴她：「這裡就是你的家，你隨時都可以回來。」

是的！在星雲大師的教育裡，寺院不僅是寺院，也是人生的加油站，是終身學習的教室，是讓人身心安頓的避風港，更是提供全家一起來學習的學校。寺院就是讓眾生在苦難中看見希望與光明，法師猶如在人生旅途上的引導者、護航者，在最需要的時候的陪伴者……

我始終相信，「菩薩在人間」，因為在我所遇見的人物裡，「不退菩薩為伴侶」已經不是未來的期待，而是在人間處處可見的動人畫面。這樣的相遇，讓我常常感動莫名，深信「願力」會牽動著「願力」，在「願眾生得離苦」的希望裡，菩薩總會相互輝映，帶來彼此的「感應道交」！

第十章　平安與吉祥：跨宗教音樂會的美麗邂逅

二〇二四年五月五日下午，我坐在福華國際文教會館的卓越堂裡，安靜地聆聽一場為〇四〇三花蓮地震所舉辦的「太平洋左岸的音樂祝禱」宗教祈福音樂會。

這場跨宗教音樂會決定從花蓮移師台北，前後只用了不到十天完成。重新尋找場地，與天主教及佛教界的聯絡、溝通、開會，定調主視覺設計、確認燈光音響廠商、排定節目流程、邀請主持人、擬司儀稿、票務分配、各宗教區席位規畫、發送、貴賓邀請、發新聞稿、會場布置、貴賓席位規畫、典禮彩排、清場，接著時間進行倒數，開放民眾貴賓進場、線上準備、網路開播……然後由阿美族拉開序幕、向花蓮這塊土地致敬、默禱、介紹貴賓、致詞、節目進行、宗教代表上台祈福祝禱、大合唱、音樂繚繞、合掌感謝每一位出席者、收拾善後、圓滿……

一連串的過程如泉湧般從我腦袋裡浮出……沒想到我可以如此安靜地坐在音樂會場，進行著這一切再熟悉不過的跨宗教音樂會流程，這份從容，是我最敬愛的星雲大師及長老慈容法師手把手地訓練出來的。

跨宗教音樂會的因緣

時光回到二〇〇四年，陳水扁總統敦聘星雲大師擔任中華文化復興運動總會宗教委員會的主任委員，單國璽樞機主教擔任副主任委員，兩位宗教領袖覺得要為社會做事，接受了這份邀請，正好又是莫逆之交，彼此很有默契地決定：各宗教雖有其教義之不同，但共同期許世界和平的目標卻一致，如何將各宗教聯合起來帶給社會溫暖與祝福，肯定得從「音樂」下手，畢竟音樂最能撫慰人心，也最能傳達信仰所帶來的善美力量。

星雲大師很快地找來了圓神出版社創辦人簡志忠先生擔任宗教委員會的執行長，曾任台聯黨主席的蘇進強先生以中華文化復興運動總會祕書長的身分出任籌備會議的主席。星雲大師與單國璽樞機在一開始與各宗教代表的講話鼓勵後，就把任務交到我們的手上，指示活動不拿政府一毛錢，主題是「愛與和平音樂祈福大會」，其目的為：「聯合宗教界的友好，以平等、尊重、融合、善美的祝禱，祈願『世界和平，人民幸福安樂』。」就這樣，我與宗教展開一連串的因緣，跨宗教音樂會於焉開始。

策畫與執行的挑戰

對初出茅廬的我而言，一下子要跟各宗教領袖開會往來、報告、溝通、請教，要與出席音樂會的總統府、各黨代表互動邀請，心中的忐忑難以形容，所幸蘇進強先生與簡志忠先生始終以最溫暖平靜的態度，讓大家做任何事都好商量。

尤其簡先生溫文儒雅、幽默風趣，總會帶著大家釐清重點，找出各種需要執行的脈絡。簡先生也是星雲大師的弟子，他對大師的敬重與情感是十分深刻的，為了承諾大師這個任務，他走訪了各宗教，形容像是拜訪各教派的武林盟主一般，當時我聽得津津有味，覺得自己也要跟著學習才行。從天主教、佛教、道教、回教、基督教長老教會、一貫道、天帝教、天德教、軒轅教、天理教、中華理教等，每一位宗教前輩都有其豐富的來歷，我雖不太理解其教義，不過經簡先生輕鬆幽默的引導，讓人有了動力，也安撫我極度不安的心。

會議後，大家決定音樂會由幾大宗教輪流負責承辦，因為主任委員是星雲大師，第一屆自然就從「佛教」開始，而佛教當然就是由國際佛光會中華總會擔當全責，身為祕書長的我，自然得列出清單，職掌內容也就從一張白紙開始。我對跨宗教音樂會的了解，也就這樣「從一張白紙開始」，邊想邊寫，邊寫邊想，說是憑空也不是，把白天會議聽到的、想到的統統寫下來，待辦的、待請示的、待確認的、待執行的……感覺自己的「腦容量」實在不夠裝下這些從未做過的工作，每天都處在「還漏掉哪些」的焦慮裡。

重複的音樂會就這樣連續舉辦了四年，雖然我們與各宗教輪流舉辦，容易緊張的我始終忙前忙後，奇怪的是，我總發現不疾不徐來開會的神父，永遠「氣定神閒」，當時我心中暗暗羨慕：「真好啊！他旁邊有助理，問什麼只要點頭搖頭就好，相形之下，我卻像是在火中待烤的小鳥拚命揮動著翅膀，一心想要飛出這些快壓垮我的任務。」一樣是出家人，神父優雅進場，我卻到處跑場，要宣傳、要請託、要場勘、要打點淨房有沒有放衛生紙？要確保每個人有沒有水可以喝？點心或回程便當？貴賓要不要來？席位誰可以跟誰坐在一起？誰跟誰避免同席？……

看到其他宗教神職人員都有在家助理打點，我忍不住問了長老慈容法師：「出家人能不能不要做這些事？讓在家眾去做就好？」想不到慈容法師竟直截了當地說：「出家人自己都不會，怎麼領眾？以後佛教就漸漸沒落，這是你要的嗎？」這些話至今依舊對我十分受用，二十年過去了，我可以坐在這裡安靜地聆聽一場自己正在承辦的音樂會，現在的從容不迫、指揮若定，是過去的經驗累積，也是持續不斷的心性鍛鍊而來！

宗教界的協作

時光再拉回當年音樂會的場景，每一次安排席區，除了總統席位有其特別需求，我還要向幾位宗教領袖報告說明並取得他們的信任與放心。這期間，拜訪了道教總會張檉理事長，想不到這位老道長相當健談，談起當年星雲大師鼓勵他開辦「道教學院」以培養道教人才的歷史，還說到大師主動出資要讓道教學院後繼有人，這件事讓他老人家感動不已。張檉理事長也是慈悲和藹的長者，在宗教界十分受人敬重，每次去探望，他總是沒有一點架子地要我留下來聊聊。在話說歷史的過程中，覺得自己的師父在教界裡受到無比的敬重，身為星雲大師的徒弟就要更爭氣、表現得更有禮貌才行。

另一位要拜會的就是我前面提到的優雅又從容的陳科神父，香港人，每一年的宗教音樂會都能看見他的身影，至今他仍是天主教台灣地區主教團祕書長。每次見面他都會用「平安」向我問好，我就用「吉祥」表達對他的敬意，想不到在音樂會結束後，他改用合掌向我說了「吉祥」，我竟也忍不住用了「平安」回應，我們彼此都笑了，這是宗教間彼此多麼美好的祝福啊。在台灣能夠宗教融合，實在是一道持續互動、友好、支持、祝福所堆疊出來的美麗風景。

跨宗教的友誼與理解

那幾年間，師父偶爾會託我帶一些補品去探望單樞機，住在高雄的小小公寓，隻身一人，乾淨儉樸，牆上除了掛著天主教的聖物，沒有多餘的飾品，很難想像這是「樞機主教」的待遇。至今難忘他老人家的慈悲，不允許我幫忙，一個人忙裡忙外為我倒茶水招呼，像家人一樣問起我在國外的生活，說我是佛光山的外交官，還不斷讚嘆星雲大師對世界的貢獻。而不懂事的我，竟就滔滔不絕地分享著自己如何受大師「人間佛教」的啟發，跟著大師學著「為佛教」的精神。

想不到多年後，在佛陀紀念館落成典禮會場，負責接待單樞機的我，陪著他老人家慢慢行走在廣場上，單樞機竟然對我說：「大師講人間佛教，我們也要是『人間天主教』，發揚天主的精神……」聽完後讓我非常驚訝，這是對佛教極大的肯定與鼓勵，當天忍不住就跑去跟大師報告，大師說：「單樞機就是『人間天主教』的實踐者，他把天主的精神帶給人間。」

直到單樞機逝世，我主動向師父提出能否在佛光山為單樞機舉辦一場音樂追思，師父一口答應。當天我記得同樣的音樂會上，自己滿是淚水地紀念著這位崇高又受人敬仰的單國璽樞機主教。想起自己從國父紀念館舉辦「當基督遇見佛陀」與老人家見面的開始，無論音樂會、各式各樣的活動，即使身體不便，單樞機總是挺拔地出現在各種場合為大家祝禱。直到最後一次我陪著師父到輔仁大學去探望時，兩位老朋友同樣坐在輪椅上，彼此互道平安，他們都是宗教界令人崇敬的領袖，卻那麼樣樸素、自然、簡單，彷彿一切都是多餘的，他們的身上散發著慈悲與愛的光芒。

想起大師曾經在單樞機的新書發表會上，握著老朋友的手說：「我們就在這裡許願，來世您再來做您的神父，我再來做我的和尚，我們一起約定再來『為世界宣揚和平』吧！」兩位宗教領袖的誓言，穿越時空，百年千年的約定，不變的是那份對眾生的悲憫，而渺小的我何其有幸，見證了宗教間平等、慈悲、尊重、真誠、純淨的一切美好！

大師說：「這世間要和諧，就要『同中存異，異中不一定求同』，繽紛的世界很好，世界就應該是多彩的樣貌，宗教如此，您欣賞我，我讚美您，每個人都有他心中的『主』，不必爭誰大，彼此共尊共榮。」這些話一直影響著我與各宗教界的往來，就如同當年星雲大師與單國璽樞機主教彼此交流的一段話：「當基督遇見佛陀會怎樣？您只要看到我們兩位如此友好，就知道答案。」

以真心誠意與各宗教界往來友好，其所帶來的相知、相惜，儘管各有各的堅定信仰，其所建立的深刻友誼看似一小步，正也促進台灣宗教融合的一大步，不是嗎？星雲大師與單國璽樞機的身教與言教，帶動了台灣社會的宗教融合，也建立起彼此後來不必再開太多會、一通電話就ＯＫ的信任局面。

愛與和平宗教音樂祈福會

幾年後，因政黨輪替改組，中華文化復興運動總會撤銷各委員會，音樂會暫時告一段落。然而，二〇一一年大師接到馬英九總統電話，希望大師帶起宗教界領袖共同為民國百年舉辦一場盛大的宗教活動。由文建會主辦，佛光山與佛光會成為當然的承辦單位，大師再次交託要把宗教音樂會辦好，由慈容法師親自指導。這場多年後與宗教界再度攜手的音樂會，由於過去的默契十足，很快就邀請了十四個宗教代表帶領其教友約三萬人共同出席這場盛會，活動場地就在佛陀紀念館的廣場。

總統府為安全起見，擔心戶外氣候的變化，一再詢問雨天備案的措施，有趣的是，總統府所問到的每一位法師，竟都回答：「不會下雨！」說不會下雨，實在是這些法師篤定「龍天護佑」的信念吧？其實做為行政工作人員，怎麼敢貿然沒有做任何「雨天備案」呢？只是，當天早上才放上去的蠟燭竟在中午高溫下全部融化，欲哭無淚的我只能下令全部再收回。

到了下午兩點半開始飄雨，我抬頭望著天空，安慰自己：「今天是我們把諸神請來的日子，天龍八部乘風乘雨而來也是有可能的……」我暗暗計算：從兩點半算起，若到下午五點開始的音樂盛會，「雨也應該收了吧？」

好巧不巧，總統府的參謀跑來詢問法師們一樣的問題：「您們的雨天備案呢？」想不到法師們再次篤定地說：「雨會停啦！」好像一切都溝通好了似的。

眼看著時間漸漸逼近，提早抵達的吳敦義副總統看著手錶上顯示的四點三十分，不安地問起長老慈容法師：「雨還在下呢……」還沒等他說完，慈容法師說：「五十分就會停！」安頓了副總統的心。說也奇妙，就在四點五十分，雨真的準時停了。

在署理會長慈容法師的指導下，由佛光會工作團隊精心設計的出場創意，參考了奧運會的模式，由每一位宗教領袖各自牽著該信仰的兒童出場，象徵信仰的傳承，想不到這一刻四點五十分正好雨停。我永遠記得，這是活動流程上的出場時間，沒想到也是上天慈悲收起雨水的時間點。我們拉開了這場三萬人的「愛與和平宗教音樂祈福會」，從菩提廣場一路坐滿到八塔的草坪，南台灣的炎炎夏日在雨後顯得涼風徐徐。每一個宗教都帶來了自己的教友信徒，我們巧思地用了一個超大型的「圓」將所有各宗教徒「連結」起來。

就在八月二十三日那一天，馬英九總統、吳敦義副總統、行政院長及各部會首長皆蒞臨現場，每個宗教團體都帶著十分熟練的表演經驗上台，以最美麗的歌聲讚頌並祝禱「中華民國百歲生日」。而我則開始默默地沙盤推演：「結束後便當的發放、人員的散場、上車的動線、垃圾的收拾、遊覽車撤場的交通引導……」

從學習到承擔

籌畫時間最短、最急迫卻也最嚴格安檢的宗教音樂會，當屬「高雄七三一氣爆暨澎湖七二三空難事件全國宗教界追思祈福大會」。在發生高雄氣爆、澎湖空難等事件後，台灣人心惶惶，馬總統再次向大師致電，希望台灣宗教能為人民舉辦一場安撫人心的祈福活動，主辦單位是行政院。這個任務再次來到我的手上，地點就在高雄巨蛋，距離舉辦的日期只有一星期，當時我要與天下遠見高希均教授一行人到廈門的演講，只能利用出發前的一個下午，以電話一一通知了每一位熟悉的宗教代表，少數已更換理事長，但是一聽到是我們也都立即說好。

大家有默契地溝通好宗教領袖出席的準備，確認教友們可出席的總人數，在極短的時間內，佛光會祕書處以組織方式直接調度佛光童軍團擔任從場外舉牌入席的引導，由青年團負責整個典禮的執行，金剛團指揮交通、維護場內外秩序，知賓團就在各區擔任服務的工作，由佛光山慈悲基金會負責將受災民眾帶到音樂會場，祕書處與高市政府往返公文後，由高雄南屏別院負責陳菊市長的出席接待，總會祕書處負責所有宗教領袖的接待服務。就這樣，等我從廈門回來後，在完全沒有召開籌備會的情況下，真的就把活動辦起來了。

當天，馬總統、副總統、行政院長、內政部長、國防部長等，所有中央一級長官全部到場，可想而知當日維安拉到最高的警戒線。活動順利圓滿，行政院幾位長官一再讚嘆佛光山如何做到如此短時間內的籌畫到執行。其實這一切都要感謝各宗教間彼此的友好默契，所有佛光會團隊的豐富經驗，就在這樣的氛圍下，我漸漸體會到，所謂從容的背後，是無數的歷練與養成，更是忍耐與承擔。

當我見到災民臉上感受到溫暖慰藉的笑容或感動的眼淚，我知道：這一切都值得了！救苦救難的宗教家精神，落在與宗教間友好的互動，落在與災民的互道平安，落在與工作團隊間的信任，如同由真、善、美所串起的珍珠，在每一次的宗教音樂會上，閃爍著典雅又美麗的光芒！

第十一章　變局中的困境與因應

台灣宗教組織的發展，建構在政治與經濟演變的基礎上，從退出聯合國、中美斷交，台灣曾經是國際孤兒，但是憑藉著堅忍卓越的努力，從政治的戒嚴到解嚴，從封閉到開放，從單一到多元，從貧窮到經濟奇蹟；佛教團體也從單一發展到百花齊放，不僅安頓人心，使社會秩序穩定，也從孤立無援走到了「國際救援」。

在寧靜的革命中，佛教徒從「自利」走向「利他」，無論助學、辦學、三好品格教育，一直擔負起關懷社會所看不到的角落，也為台灣帶來了亮眼的成績單，更成為兩岸往來的一張值得驕傲的名片。

當前的困境

但是走到今天，兩岸關係回到冰點，許多人擔心一旦交流就會被貼上標籤，我們看到的是：新台灣的民主走到了民粹，政治的惡鬥使人民分裂，原本獨立於行政、立法、司法的第四權「媒體」，被社會大眾形容是政黨的附庸，民眾既然聽不到客觀的評論，選票自然就失去了民主的價值；多少地方機構為了自保，必須被強迫「靠邊站」，自由成了自私的代名詞，司法則取決於法官的自由心證。社會從上而下，學會以仇恨來取代理性的對話，以網軍來帶動決策的風向。

攻擊的言論讓我們對內人民彼此分裂、更加不安，對外陷入中美角力間的危險境地，其所造成的結果，台灣又再次回到孤立無援。這些「內憂外患」更加衝擊了整個台灣的經濟發展，使這一代的青年，失去了更多的工作機會，因為不斷樹敵，台灣也被世界邊緣化。更糟的是，這一代的學子，從大人的身上，學會了不論「是與非」，不問「對與錯」，只要「敢」，就有機會。

想起早期台灣農業社會，老人家會說：「人在做，天在看。」從佛教因果的角度，不重視道德品格的教育，社會必然失序，所以毒品氾濫於校園，霸凌問題層出不窮，社會不公不義所帶來的各種犯罪，不必求神明、問佛祖，自作還得自受。

宗教在整個社會的大氣氛下，想要力挽狂瀾，也只能像鸚鵡救火一樣。此時的宗教，儘管聲嘶力竭，卻影響有限，更何況在自由的旗幟下，太多似是而非的新興宗教正在大張旗鼓，而正信宗教不能走進校園的結果，只有讓更多人民無法辨別信仰的內涵與價值，甚至被神棍騙財騙色，所受到的傷害，難以彌補。（西方文明的國家，儘管信仰不同，邀請法師進校園授課卻極其普遍，「宗教」是文明國家必修的教育課程之一，在台灣的美國學校，也將佛法納入課程之中。）

因應之道——「和」的力量

面對台灣的變局，因應之道在哪裡？就從一個「和」字開始吧！

——政黨必須和解

為了台灣的安定，以人民福祉為共同的目標，政黨之間就必須「和」解。任何黨派的存在，如果沒有以人民的福祉為考量，將來必定為人民所唾棄。

——兩岸需要和平

為了台灣的未來，以人民的安全為最大的公約數，兩岸之間就必須「和」平。沒有和平的基礎，就沒有未來。彈丸之地的台灣，禁不起戰爭的摧殘。

——政府民間「和」作

為了台灣的發展，以平等互敬創造雙贏，政府跟民間就需要「和」作。政權可以打倒任何一個民間組織、宗教團體，卻也削減了政府自己的力量，同時要付出更大的成本跟代價。

——人我之間和諧

為了台灣的幸福，擴大人情風土的影響力，人我之間就必須「和」諧，對待外籍移工要能愛護，娶進來的台灣媳婦，無論外配或陸配，都必須給予疼惜和尊重。

未來展望——共創和平與繁榮

政黨一旦和解，各種政策可以理性對話，讓台灣走上更成熟的民主，找回有利於人民福祉的希望。

兩岸一旦和平，透過互利互惠的協議，使台灣企業爭取廣大的市場，帶動台灣觀光產業，更重要的是，使人民免於戰爭的危機。

政府民間一旦「和」作，願意支持宗教團體的民間力量，無論走入校園或社區，正信宗教可以讓貪婪的人心找回道德良知，更可以讓人們在面對困境時，得到信仰的撫慰。

人我一旦和諧，台灣將在混亂的世界局勢裡，成為最耀眼的一顆明珠。樸實親切的人情味，無論南部人、北部人，本省人、外省人，台灣人、新台灣人，乃至各種膚色的外國人，都在台灣這塊土地上成為「一家人」。

這也是二十一世紀，正當種族衝突、強權當道，整個世界最需要的「軟實力」。因為宗教信仰的實踐、利他的精神，使台灣能真正贏得世界的掌聲與尊敬！

中篇

淨化的

人間佛教的理念，不但源於傳統之佛教，更與現代社會結構相契合，無論是人際關係的和諧、人與世俗塵勞的淨化、人與自然萬物的調和、人與日用生活的滿足，其包容性與實用性，正好契時契機地提供現代人面對不同階段的人生課題，做一最佳解決之道。

第十二章　人間佛教打造「終身學習」的時代：以「人間佛教讀書會」為例

所謂「法不孤起，仗境方生」，隨著台灣經濟成長，政治民主、教育普及、社會多元化，以及佛教在整個台灣經過半個世紀的努力，星雲大師提出「寺院本土化，佛法生活化，僧信平等化，生活書香化」，並再次強調「寺院學校化」的理念，期望寺院不僅提供信眾安身立命的地方，佛教徒在信仰的層次，更需要深入經藏，真正了解佛陀的本懷，使佛法應用在生活中，讓佛教走出經懺的桎梏，以文化教育傳達佛教所應發揮的功能。

而當代最令人憂心的問題正是失序的社會倫理，自我異化情況日益嚴重，人類在不斷創造物質文明的世界中，也同時失落了精神文明。憂鬱症、自殺等內在無法突破的心理疾病，或對於生命存在的價值也漸由沉淪趨於墮落。因此，產官學界也紛紛展開「終身學習」的呼籲，鼓勵透過學習以拉近先天與後天的知能差異，並縮小城鄉知識的距離。

人間佛教讀書會創辦緣起

——「文化、教育、組織」三足鼎立

「文化」代表精神理念的產物，可從書籍的著作綿延流傳；「教育」代表了人才的培養，藉由不斷的教育弘傳著文化的使命；若將文化與教育做整體的結合，正好形成了一個有機體的組織，這個組織有其理念的依據，更有其弘法人才的傳承。

一九五七年，自從星雲大師擔任《覺世》月刊總編輯以來，至一九五九年，「佛教文化服務處」相繼展開了整理、翻譯佛教經論，以及出版、流通，一直到

「普門雜誌」、「佛光出版社」、「佛光大藏經編修委員會」、「香海文化出版社」、「人間福報」一一成立，以及分布在美國、澳洲、巴西、阿根廷、德國、法國、亞洲等地的「國際翻譯中心」所從事的數十種外語翻譯佛學著作，四十餘年來為佛教留下了豐富的文化資產。

此外，自一九六五年創辦佛教叢林學院至今，佛光山培養上千位佛教青年加入弘法的行列，如今散布在全球各地，或投入文化編輯工作，或擔任教育弘法，或從事慈善救濟工作，一千兩百餘位出家人及百萬在家信徒，藉其所設立的道場做為弘揚的據點，並結合佛教文化教育，同步為「人間佛教」的理念而努力。

八〇年代，隨著台灣經濟成長，以及人民生活水平之提升，集改革、創意、教育於一身的星雲大師，毅然跨出寺院、走向城市，並深入社會、面對群眾，甚至超越國界，弘化至全球五大洲。一九九二年五月十六日，來自歐、亞、美、非、澳等佛教人士，大家齊聚美國洛杉磯，正式成立「國際佛光會世界總會」。會中除了確定國際佛光會的名稱、宗旨、任務、組織章程等主要架構，以及未來籌組工作的重心、步驟，同時以佛光山的四大宗旨——文化、教育、慈善、修行——做為其發展方向。

佛光山與佛光會猶如鳥之雙翼、車之雙輪，不但將佛教「僧俗四眾平等」的精神做一明確之落實，更以「人間佛教」的理念為其發展核心，除了體現佛教國際化的目標，二〇〇〇年於世界各地同步宣導「生活書香化」的理念。二〇〇二年一月一日將讀書會納入佛光山宗務堂派下的事業單位，正式成立「人間佛教讀書會」總部，結合佛教文化、弘法僧才以及佛光會組織的運作，同步在各地成立讀書會，並積極帶動全民閱讀的風氣。

——多元化弘法方針

「佛光普照三千界，法水長流五大洲」，這是佛光山開山星雲大師在開山時立下的弘願。歷經近六十年的披荊斬棘，佛光山打破了國界、地域、種族的觀念，以同體共生的宇宙觀，培養了千餘位出家弟子，在全球五大洲建立了兩百餘個弘揚佛陀教育的道場，以及百萬餘名信眾的護持，其內涵以「建立現代教團，發展國際佛教」，並將「傳統與現代融合，僧眾與信眾共有，行持與慧解並重，佛教與藝文合一」做為弘法之方向。也因此，佛光山所展現的佛法教育，是一種與生活結合的教育，以不離開現實生活的教育，唯此足以更貼近大眾生活層面的需要。

星雲大師以近六十年弘法的歲月，致力於人間佛教理念的推動，首創青年歌詠隊，帶領著青年從歌詞中領悟佛法，或從星期學校、兒童班、光華文理補習班、青年學生會、文理補習班等，一路倡導多元化的弘法方式，又紛紛在全球各地展開「都市佛學院」、「社教班」、「信徒講習會」、「佛教冬（夏）令營」、「婦女法座會」、「佛學講座」、「金剛護法講習會」、「教師研習營」、「生命教育研習營」、「佛教論文學術發表會」、「世界宗教學術交流」、「海外遊學營」、「松鶴學苑」、「兒童冬（夏）令營」、「善童學園」、「人間佛教學術研討會」、「人間音緣—佛教歌曲發表會」、「佛教梵唄音樂會」等無數種類型的弘法內容。

其主要目的無非希望在時代不斷演進的脈動下，與時俱進地提供不同年齡層的需要，讓佛教徒從多元學習的向度，培養對佛教的認識與樂趣，並透過不同管道以深入佛法，使大眾隨其根器之不同，皆能在其生活中親嘗佛法的殊勝妙味。

大師認為：雖然數十年來信眾多以聽講做為學習管道，但是，能夠以自主性取代被動性的學習方式，應該是人人皆可參與並對佛法提出深度匯談的平等式學習，而不是上下關係所產生依賴性的教育模式。

也因此，使人人具體落實「深入經藏」的理想，成了「人間佛教讀書會」首要發展的工作，透過計畫性的培訓課程，從鄉村到都市，從寺院到學校社區，也從國內到海外各地，期望將「生活書香化」視為「終身學習」的最佳途徑，同時以循序漸進的方法，在面對人生不同課題的需要時，皆得以找到斷惑證真的依據與力量。

落實「生活書香化」

在佛光山與佛光會全球基本的組織架構下，人間佛教讀書會以三階段落實「生活書香化」的目標。

——理念宣導期

人間佛教讀書會的成立，乃經過數十年文化教育的觀念播種，當佛光山正式提出「生活書香化」的理念時，信眾莫不群起呼應護持，並隨著各別分院道場的法師，以及國際佛光會全球各分會的督導、會長不斷宣導，使信眾會員們了解成立讀書會之必要。讀書會總部在全省各地亦同時舉辦宣導課程，使民眾了解讀書會的時代意涵，以及對個人學習成長的重要性。

——方法培訓期

人間佛教讀書會總部成立以來，透過一連串對各佛光會幹部與佛光山各道場住持的讀書會帶領人培訓課程，也同步將其理念方法帶入非漢語系國家，其中包括：日本、澳洲、美國、加拿大、巴西（葡萄牙語）、阿根廷（西班牙語）等。其中尚有韓國一乘寺住持深山法師帶領著三十位韓國信徒代表，在二〇〇三年一月份前來佛光山接受讀書會培訓講習，並決定將讀書會帶回韓國。

同年十二月底在三峽金光明寺所舉辦的「寺院管理講習會」中安排讀書會培

訓課程，台灣共五十餘所佛教寺院亦加入人間佛教讀書會的組織，期望使佛教徒也能廣受讀書會的影響而自我提升。

根據總部統計，至二〇二四年底，已超過上萬人接受讀書會帶領人培訓課程。而讀書會的成立，除了在全球三百多個寺院道場落實，也同時延伸至家庭、社區、鄰里、學校、監獄、社團、企業、廣播、衛星電台、平面媒體等。其所成立的讀書會包括：經典讀書會、藝文讀書會、社區讀書會、鐵窗外春天（監獄）讀書會、校園讀書會、企業讀書會、雲水讀書會、空中讀書會等共三千餘個。為了使不同年齡層獲取其不同需要，開發出豐富多元的讀書會類型，已形成十餘種之多。

——交流成長期

為了使讀書會擁有彼此交流學習的機會，讀書會總部每年固定舉辦一次「人間佛教全民閱讀博覽會」，主要使讀書會之間加強觀摩成長的機會，藉由全球各地讀書會的閱讀成果作品，評鑑年度「模範優良讀書會」，並安排「動態閱讀」認識佛教弘法的內容與方針，以及「佛教文化走廊」展示上千種各類型讀書會閱讀教材等。

二〇〇三年八月三十一日，讀書會總部繼與「台灣PHP素直友會」結盟後，又受邀與「天下文化讀書俱樂部」結盟，以共同攜手創造全民閱讀風氣為其宗旨。

此外，馬來西亞也以驚人的成長，在同年七月份成立一百七十餘個讀書會，並舉辦培訓課程，共有八百餘位來自大馬各地的讀書會帶領人參與。同年十二月，首次創下大馬歷史上集最多人讀書的博覽會活動，該國教育部副部長韓春錦拿督親自蒞臨，並擔任大馬人間佛教讀書會召集人，希望藉此喚醒全國閱讀的學習風氣。

一個卓越的團體，不僅需要強而有力的觀念基礎，更要能夠將其高深的觀念進行詮釋、協調，轉化為可被人接受、實際可行的計畫，再將之引進組織。同樣地，人間佛教讀書會需要結合人間佛教思想，又能普及於大眾需求；內容要能開發成員對讀書的樂趣，更要兼顧時代性與自覺性；雖然琳瑯滿目的龐大知識量與時代性的脈動隨時變化，其主軸始終不離佛陀教法。總而言之，人間佛教讀書會不但源於傳統佛教，更要與現代社會結構相契合，其包容性與實用性，必須契時契機地提供現代人在面對不同階段的人生課題時，做一最佳學習成長的管道。

讀書會教育原理

雖然一般人讀書有其清高的情操，但是也有部分讀書的動機蘊涵濃厚的功利色彩，致使讀書、考試、就業成了痛苦的三級跳，也使讀書淪於工具化與世俗化。高希均教授曾經提出「新讀書主義」：

> 不是消極地從「苦」讀書中得到「新」樂趣，而是全面改變對讀書的心態。不再為考試而讀書；不再為應付就業而讀書。減少了讀書的強迫性，就增加了讀書的寬廣性。[1]

也因此，「讀書會」之所以被大眾所能接受，其主要原因來自學習者本身的基本精神必須擁有充分的「自主性」、「自發性」、「平等性」、「對話性」與「開放性」。大家不再為考試、就業而讀書，而是去除權力宰制的學習模式，純粹自覺到「學習的重要」而讀書。

——以人間佛教特質為依據

稱為「讀」書會而不是「念」（朗誦）或「看」（瀏覽），乃因為「讀」必須多用「心」去接觸、了解與消化，其基本過程是經由與書及讀者的對話，產生雙向及多向的交流，進而有所收穫，具有「探討、吸收」的意味。而「書」則指的是「有主題、範圍、結構、系統的客觀材料」，至於「會」則意味著「有目的的交流、討論，並有所領會」。因此，讀書會可以說是「一群人針對一客觀材料加以解讀、討論、分享的學習型組織」。其中，「一群人」指「兩人以上」，只要能產生對話的動力即可；而「學習性」組織，則強調讀書會著重在「智性啟發」的「學習」。也因此，「客觀材料的解讀」與「觀點討論、經驗分享」成為讀書會運作的兩大命脈；只顧前者，容易流於閒談、聯誼，只顧後者，則容易變成演講或上課式的單向傳達，兩者兼具方足以發揮讀書會實質的效果。[2]

由於讀書會是一種「共同學習」的團體，注重成員的參與，選材非帶領人個別的責任而是依大眾的決定；因此，不同對象有其背景、程度、時間、興趣及需求的差異，雖言如此，「人間佛教」讀書會的旨趣仍不離佛陀的教育為其讀書的內容與方向，目的在使學習著重於對整個世間的教育與度化。[3]也因此，選材內容無論從升斗小民所關心的切身問題，或從生活樂趣、財富豐足、慈悲道德、眷屬和敬，一直到大乘普濟、佛國淨土等理想，以一步步的導引、以不離現實生活的需求、以更貼近大眾的生活層面為其閱讀的選擇依據。

中國禪宗六祖惠能大師曾云：「佛法在世間，不離世間覺，離世覓菩提，恰如求兔角。」事實上，佛陀出生在人間，成就圓滿智慧在人間，如果棄離現實世間而旁尋正覺之道，猶如追求龜毛兔角一般，必然了不可得。這是六祖惠能大師所提倡「人間佛教」的開端。也因此，禪宗這種「即世間」與「人間化」的思惟，提供了「人間佛教」一堅強而穩固的基本特性。

事實上，從佛陀教育的目標——離苦得樂，我們知道人間佛教的特質除了具備「喜樂性」的內涵；從佛陀示現於人間，自出生、修行、成道乃至度化眾生，看出其「人間性」；就經典義理所提倡日常生活中修行的方法論而言，強調以實用為導向的「生活性」；再從大乘佛教菩薩利他的願力與實踐，看出人間佛教的「利他性」；從佛陀令眾生入佛知見故出現於世，其真理使千年來眾生得度因緣，看出其「時代性」；更依平等思想，開展出過去、現在、未來、此世界、他世界，乃至無量十方法界同登法界的理想，更看出其「普濟性」的特質。[4]

整個「人間佛教讀書會」不僅要開發成員對讀書的樂趣、著重思想交流，更要依自覺覺他為學習的指標，並以不離「人生」為其課題，將解決人生苦樂的佛陀智慧，做為閱讀討論的依止。其根本理念，不僅依止於傳統的佛教義理，更與現代社會結合，發揮人間佛教的包容性與實用性，以做為其整體義理的架構，建立在具有喜樂性、人間性、生活性、利他性等「佛法生活化」的特質上。

——以四攝法為帶領人精神

要帶領眾生必須具有能力攝受眾生，一個優質的讀書會帶領人，必須廣納十方意見，不僅要傾聽，還要不預設立場，不將自己的想法視為唯一的答案，不以主觀思惟批判「異見」者；以這種開放的胸襟力行「布施」結緣，甚至敏銳觀察參與者的感受，使其參與讀書會的過程放心、自然、內心無有畏懼地侃侃而談，成為讀書會帶領人的首要條件。

其次，支持參與者的「愛語」不可少。語言不只是人與人之間的溝通媒介，更是具有啟迪教化的功能。不論討論的議題同意與否，帶領人避免使用強勢的語言，而應以欣賞的角度加以對待，從不同角度看待彼此與過程中的「發生」，做專注的聆聽，並在其表達後予以反應，使成員感到被重視，將有助於成員之間的互動與發展。愛語的回應不僅透過社會語言，微笑點頭示意或專注聆聽的神情，都可使成員因為帶領人不卑不亢的風範而提升表達的意願與信心。

讀書會是個有機體，它充滿生命力，會發展也會萎縮，有凝聚也會有失和，如同任何一個團體或組織，能夠成立、運作，也必須具備有利的因素。而其中「利行」便是讀書會帶領人的成功要素之一。利行乃殷勤勸導有情，以利益其行持並對其立身處事有所幫助。當讀書討論過程中，成員出現負面的觀念或思考的困惑時，帶領人以「利行」從旁提醒、引導，協助成員走出生命的困局，或回導於經典的客觀材料，以做為其生命的導航，可說是所有讀書會帶領人的重要功能。

此外，設身處地為對方著想，並針對其需要應機施教，「同事」成為攝化眾生、建立良好群我關係的最佳妙方，也是讀書會領眾的重要基礎。讀書會的學習來自成員彼此的貢獻，為共同目標而彼此激發、支持，一起經歷解惑、釐清、質疑、驗證等互動過程，漸而產生新的認知與收穫。因此，帶領人在與大眾一同行事中建立成員的信任，並在融入及參與中成為大眾的表率。事實上，佛陀的十二分教、八萬四千法門，可說全是為了要同事攝受眾生，以期同登法界，證悟菩提。

——以聞思修證為討論的引擎[5]

一般讀書會帶領人往往會遇到一個瓶頸，就是不知如何有效提出討論與思考，不知如何引導成員發言；也因此，團體成員間會出現冷場，或少數人發言不斷而忽略了其他成員的參與感。許多讀書會召集人雖然在成立時大費周章地熱心準備教材、慎重考慮讀書環境、呼朋引友找人加入讀書陣容，可是，一段時間後因為流於形式化的閱讀，最後導致成員一一流失，原本熱忱服務的召集人也因此受到挫折而打退堂鼓，一旦對推廣讀書會的理想破滅，鮮少再提起成立讀書會的樂趣，實在可惜。

讀書帶領討論在坊間方法眾多，其中以「聞思修證討論法」為人間佛教讀書會最受歡迎的理念與方法。

「聞、思、修、證」是學佛者從初發心到獲得清淨智慧的四個階段。佛法中的「聞」，指的就是多聞熏習、勤學佛法；「思」，就是對所聞的佛法，再加以深入思惟，彼此會通；「修」，就是將所聞所思的內涵，實際在生活中不斷修正，從「靜中養成，動中磨練」了解佛法的真義；「證」，就是身口意業經過不斷修正後，最後所體證到的般若實相。無論學佛再久，聽「聞」佛法再多，若不能深「思」、不斷「修」正，終究無法體「證」佛法的真義。

這樣的理念，其實正是佛陀在許多開示弟子的經典中，所看到的學佛者正確的理念與精神。人間佛教讀書會為了使大眾能夠在閱讀經典中契理契機，更希望透過成員彼此的對話，談出每個人一生裡最踏實的修行體驗，總部特別研擬一套以「聞思修證」做為方便理解的四層次讀書帶領討論法，透過有次第的討論、深度的省思，使佛學不再拘泥於名相解釋、談玄說妙，而是能夠將佛法與自己的生命相契，並使自己真正受益於佛教的教理。

「聞」：討論直觀客觀性問題

「般若」來自每一個生活細節的洞察中，打從「看到什麼」、「聽到什麼」的直觀性客觀問題，將最原始的基本材料做初步的消化，才能進入核心的討論。讀書會的帶領中，有些人往往不敢開口，或不知從何談起，也常因為還來不及對文章做正確的消化與咀嚼，更談不上其個人的心得學習。但一般常見的帶領方式：「讀後的心得是什麼？」諸如此類令人一下子無法抓到方向的問話，只會增加成員的心理壓力，使其逐漸產生害怕與遠離。

也因此，第一層次的「聞」乃是將文章內容所提供的重點轉化成疑問句；文章怎麼說，帶領人藉疑問句而提問，使參與者很快地進入文章內容的要義，並且毫不畏懼地反應回答，如此一來，成員不但養成「開口」的習慣，也能讓尚未掌握文章內容的成員很快進入狀況。尤其一旦是自己回答的話，印象便會特別深刻。

「思」：討論思考感受性問題

所有的文章如果要進入核心，先要讓成員與文章內容起共鳴。一篇沒有產生任何感覺、感動的文章，勢必無法深入討論，更無法產生與他人分享經驗的動機。所以在第二層次「思」的討論中，帶領人必須將問題引導至個人感受的層面。例如：「哪一段文字對你的印象最深？」「你覺得作者所提到的某某人物是怎樣的性格？」「為什麼作者要這麼說？」「如果換成是你，你會有怎樣的處理或反應？」「作者這麼說，你認為呢？」

這些沒有所謂答對或答錯的問題，主要引發參與者的思考力，並且對客觀材料做進一步的感受與聯想。尤其將人物由平面的名字轉為立體的高矮、胖瘦、性格……增加成員對整篇文章的覺受力。再從人物的角色對調，使成員自身加入文章所敘述的過程，可加深不同立場所觀照的反應。一般人讀書往往只是「讀過」而已，但是讀過不一定「讀懂」，要讀懂作者的意思，或讀懂客觀材料的深意，必須透過有效的思惟。沒有任何覺受與思惟，讀再多的書也無法進入自己的生命。

一本書或一部經典，我們是否看到其時代的景況，或發生過程的生動畫面呢？無論是佛陀對弟子的開示，或是師徒對話的應機，透過層層的聯想與思惟，可以讓讀者更清晰地掌握其背後所要闡述的教化精神。一篇文章有了思惟與聯想，可以生動活潑，也可以產生內在的感動。

沒有感受，不會產生共鳴；沒有思惟，不會有深度的對話。讀書會帶領討論第二層次的目的正是為了引發更多的感受與思惟。

「修」：討論經驗價值性問題

所有的佛法，都必須回到自己的生命經驗來做印證；同樣地，所有文章的主旨都必須扣緊著自己走過的生命經驗，做一深度的對話。佛陀說得再多，也只是佛陀的體證，如何成為自己的，就得誠實徹底地自我省覺。很多人在佛教名相的解釋中，堆積了更多的名相，當被問到「你生活中體驗過這樣的道理嗎？」而無法作答時，就知道其實並不是真正的明白。

佛法只有「說」是不夠的，佛法是要被參與者所驗證，而且是不斷地修、不斷地體驗而證得的。如同「知道」佛法如醍醐妙味是不夠的，「知」的徹底就是實際的親嘗才算數。沒有親嘗人生的酸甜苦辣，無法知道人情冷暖的道理；沒有反省自己走過的路、說過的話，不能明白身口意的業力原理。文章一旦討論到自己的生命與體驗，就會把整個讀書會的精神帶到核心。讀書再多，沒有比回到自己價值體系與人生觀來得切實。這個層次的問題往往是：「作者這麼說，能不能談談你有過類似的經驗嗎？」「你如何因應當時的情形？」「學佛前後的你，對同樣的事件有什麼改變嗎？」

不斷讓成員回思反省自己走過的經驗，將是學習成長最好的契機。尤其當彼此分享著生命經驗時，會拉近成員間的了解，一旦成員的感情建立在彼此的了解互助時，這些人才能稱得上是真正的「同參道友」。

有些人因為成長背景的緣故，產生負面悲觀的認知，在第三層次的討論時，帶領人正好可以從對話中藉由較樂觀、正面、積極的發言者，引導負面、消極、悲觀的人重新找回希望。也因此，有人認為讀書會可以協助只活在象牙塔裡的人，讓他們看到更多的人生、更多不同的觀念、更多積極面向的思考。對於深入佛法領域者，我們更要回到實際的生活經驗來做修正，到底如何修？如何轉染成淨、轉愚為智、轉闇為明？都可以透過第三層次的討論，做更深入細膩的回應與釐清。

「證」：領悟實證性問題

當文章討論到最後，一些人已經找到了新的人生觀念，或者解決煩惱更好的方法。這時候帶領人問到：「你在這篇文章的討論中，最後悟到什麼？」這是對討論過程做一收場的結論。一旦開放了討論，必須要在文章的核心價值做深度的對話；一旦對話有了核心，就能掌握到自己學習中最後的精髓。「請用一句話來告訴我們，您今天學習到了什麼？」或者因為一連串的反思，而找到新的人生觀念或生活態度：「經過今天的討論後，對於未來，您要如何重新規畫自己的生活？」

也因此，帶領人在第四個層次的帶領中最為重要，要將今日討論的重心做整理、歸納與回應。當每個人談出他對整篇文章及討論後所產生的啟發與學習，其實就如「倒吃甘蔗」的心情，愈吃愈甜。這個層次討論的目的，是讓每個人有自覺的方向與具體實踐的方法，對於佛法的體悟，到這裡才算是推上了一步；未來如何再修再證？至此才有了一點方向與眉目。

雖然帶領讀書會有其次第模式，然而在真正思考、討論的過程裡，其層次有時從二至三，偶爾又會從三而返二，主要不是以「直線性」進行思考討論法，而是以「螺旋式」的過程，依團體成員的思想流而自然發展，帶領人隨時掌握並匯集共同思想方向而進行。使討論建立在「接受」與「了解」的「肯定」基礎上，進行「有交集、有激盪、有激發」的有意義表達。當然，許多人將層次學會了，卻忘記了整個讀書會最重要的價值是在其帶領的精神，一個帶領人若能具備傾聽、接納、尊重、包容等態度，同時以生命的感受去敏銳觀察參與者的感受，必然使成員敢開口、能開口，而且言之有悟。

「討論」對讀書會的重要性，就如同「呼吸」對人維持生命一樣重要；少了「討論」的讀書會就缺了「會」的意義，容易變成聽課或聽心得的型態，僅止於單向表達或吸收，失去了雙向或多元的互動與激盪。因此，「聞思修證討論法」使讀書會帶領人將內容由淺顯到深奧，由簡單到複雜，由具體到抽象的概念，使成員發現思考、有效思考，並歸納、釐清、整理知見的廣度，與沉澱、反思、探悟的「深度」。

——嚴土熟生成就教學情境

在論及教育品質或學習成效時，環境往往是影響學習的重要因素之一。也因此，學習情境也是人間佛教讀書會運作中很重要的條件。佛教裡所謂「嚴土熟生」意指莊嚴佛土以成熟眾生慧命；例如阿彌陀佛以極樂世界：

「常作天樂，黃金為地，晝夜六時，雨天曼陀羅華……」

「彼佛國土，微風吹動，諸寶行樹及寶羅網，出微妙音，譬如百千種樂，同時俱作。聞是音者，自然皆生念佛、念法、念僧之心……」為使眾生具備成就佛道的場景，阿彌陀佛可以說運用了整個空間與時間的大環境，使法音自然宣流，讓彼國眾生在殊勝的教育情境中，自然產生學習的效果。

也因此，人間佛教讀書會大部分成員喜歡以「寺院道場」為讀書會聚集討論的場所，主要因為寺院內莊嚴與清淨的環境，使成員充分得到安靜、穩定，並且較容易產生敏銳的思考力。此外，成員亦可以走向大自然，在心情放鬆並得到充分的喜悅時，其討論與互動也隨之產生意想不到的效果。尤其許多讀書會，先靜坐調身調息，或以多元性主題介紹佛教音樂、藝術、資訊等三十分鐘的暖身，在沒有任何壓力的情形下，拉近學習者與學習空間的距離。

一個成功的讀書會，閱讀場域是一個「家」的感覺，能夠產生「安定」的歸屬感，雖然偶爾可換場地以帶動不同的學習情境，但仍然以「安靜」為考量因素，以不受干擾及不易干擾他人為原則。

綜合以上四點人間佛教讀書會的「教育原理」，我們所希望的學習不僅僅是真正深入人之所以為人的意義核心，在邁向學習社會（learning society）的時代，佛教徒更要提升不止於佛學知識的充實，還要具備生活經驗的淬鍊、心靈解放與生命關係的開展；透過讀書會的討論與對話，將過去知識、信仰、價值，以及功能運作的體系，重新創造對生命深度的認知；使學習不再是客觀的知識與技術的獲得，不再是標準式、一致性的集體行為，而是將知識、學科、行動、生活聯貫成一體，使知識的檢討落實在生活的基礎，讓生命在彼此的不斷學習中更臻圓滿成熟。

學習型組織的新契機

——廣學善法，終身學習

曾經當選美國傑出教育家，並創辦遠見．天下文化事業群的高希均教授，在《讀一流書，做一流人》書中指出：

面對排山倒海而來的新知識，不學習不只是落伍，根本就變成了「現代文盲」。6

大多數人都僅將學校裡的正規教育視為學習的階段，或者僅著重於學程中知識的傳授而停止了終身延續的學習。事實上，面對浩瀚的生命課題，要成就完人的教育，就應該視人生不同階段為無止盡的學程，無論是團隊或人我之間，都應該彼此互為學習成長的助緣。

當代最具影響力之一的學習組織管理大師彼得．聖吉（Peter M. Senge），在全球各地演講時不斷呼籲，在這個充滿變革的年代，唯有透過謙卑的「學習」，凝聚共識，共建願景，發揮團體力量的觀念，方能具備面對全球化所帶來的挑戰的條件。這位傳遞著「學習型組織」（learning organization）與「第五項修練」（The Fifth Discipline）概念的彼得．聖吉，為當代社會所發生的窘境提出了深刻的反省。當中尤以「第五項修練」最受到矚目。

「修練」意指「不斷深思反省練習以修正自己行為之意」，認為不僅針對家庭、學校、企業，或政府機構、非營利組織，都應該相互反省求真，無論是追求自我超越、修正自己的心智模式，在團隊間建立共同願景，並學習有根據地說真話，尊重並深度傾聽不同意見，使大眾參與團隊學習，激發群策群力的智慧總合，並掌握整個系統思考的原理，了解深入因果互動與變化的關係，藉以有效率地處理可能產生的後果。

簡而言之，要因應時代變遷所衍生的危機，唯有仰賴「終身學習」（Life long learning），而佛教觀點下的終身學習必須懂得如何去除種種執著下的盲點，不僅重在學習的內容，以及學習者的態度，更要不斷檢視反省，並力求改進以達到圓滿人生的修證目標。

在佛教裡，磐達特是教授鳩摩羅什小乘佛教的老師，但是後來他又拜鳩摩羅什為大乘佛教的老師；大乘小乘互為師，成為佛教的美談。孔子以項橐為師，因為孔子不恥下問，拜童子項橐為師，故而成其為孔子也！[7] 也因此，許多專家認為：「未來在全球經濟中居於領導地位的，將是那些成功提升知識工作者生產力的國家與企業。」

佛教以「廣學一切法」做為菩薩的資糧，從凡夫到菩薩行證的歷劫緣修乃直至佛果，其內容不僅含括面對生老病死人生四大階段所應持有的態度，還提出了解脫（自由）最完整的教育課題。尤其宗教以關懷眾生為立足點，前提不僅要了解時代的脈動，為人生教育提出理論，更要注重實務與力行，堅持理念但不可有知識的傲慢；除了需要提升這一代的福祉，又要關心下一代的未來。所以，「廣學善法，終身學習」尤其成為每一位關心眾生者所應該具備的基本條件。

——尊重包容，同體共生

星雲大師在演講中曾說到：

在科技進步、來往頻繁的社會裡，尊重與包容顯得尤其重要。我們應該尊重他人的自由，以奉持五戒代替侵占掠奪；尊重生命的價值，以喜捨布施代替傷害生命；尊重大眾的所有，以共享福利代替自私自利；尊重天地的生機，以環保護生代替破壞殘殺。此外，我們更應用人我無間的雅量，包容異己的存在；用淨穢不二的悲心，包容傷殘的尊嚴；用怨親平等的智慧，包容冤仇的傷害；用凡聖一如的認知，包容無心的錯誤。如果大家都能以尊重的態度敬業樂群，以包容的心胸廣利眾生，將娑婆建為淨土將是指日可待之事。[8]

與其他宗教相比，佛教不但具備了豐富的人文教育精神，更立足於現世人生，關懷一切有情生老病死，乃至器世界成住壞空，甚至排除了宿命論與有神論的說教，在人類歷史上也是第一個超越「神權主義」、「君權主義」、「人權主義」而倡導眾生平等的「生權主義」者。[9]正也因此，佛教不僅站在「生命共同體」扣緊生命的關懷與超越苦厄的生死問題，更依此展開極其豐沛的人文內涵。

有鑑於當代社會因競爭、冷漠而產生的疏離與對立，星雲大師在一九九三年國際佛光會第二次世界大會中，特別提出了「同體共生」的呼籲，認為當代人類最需要的不僅是有良好的科技，更需要懂得國與國之間、人與大自然之間，乃至人與一切生命物種之間，如何能夠和諧相處、共尊共容。[10]一旦建立了「同體共生」的觀念，立足全人類與地球間和諧相處之道時，方能消弭種族或國家本位主義的思考模式。

站在佛教緣起思想的觀點，「全球化」的經驗本來應該使人類覺醒「相互依存」的關係，只可惜人類卻因為無止盡的欲望而不斷開發，其結果必將使地球有限的資源受到嚴重的破壞，人類最後得面對的是更大的生存危機。如果因全球化的競爭造成嚴重的對立與傷害，必然使人類與大自然兩敗俱傷，因為每個因素都是改變現象的重要因子；「蝴蝶效應」也正好說明了這種潛在、無形卻足以影響全球系統的變化例子。因此，致力於解決當代國際或種族的分裂危機，應該使「尊重包容」成為人與人之間、國與國之間，或人與大自然之間和諧相處之導因，而「同體共生」也正好提供了轉危機為轉機的重要方針。

——理論實踐，行解合一

教育的普及並未使生活品質與道德有所提升，甚至，高學歷使高智慧型犯罪率增加，人文素養的接續出現斷層，加上速食文明的取代，教育幾乎成了職業訓練的場所，而非人格養成的殿堂。這其中包括了家庭、學校、媒體、社會等所呈顯的錯誤示範，在在令人感到隱憂。

人類自有工業化的概念以來，便將「一致性」與「生產力」納入了教育的方針，造成學習者很大的創傷；人類不是機器，需要追求獨立自主、發揮潛能與多樣化的自然界定律，絕不是以公式性的訓練就足以製造大量的人才。而人才的定義也絕非只是建立在「知識」而已。知識若要成為力量，除非得不斷思考、體驗與踐行；如何在形塑知識的過程中，讓學習者能真實地認識其世界，並與這個世界產生關聯。

人間佛教的精神著重在佛陀教育的內涵，所謂佛教（Buddha's teachings）意指佛陀的教示、教法與教導，佛陀所證悟的「諸法實相」稱為佛法，從佛陀圓滿果位的層次而言，此乃佛陀覺悟的證量；再者，從眾生修證的次第，也就是從有情因地起修的層次而言，佛陀為教化眾生以成就佛道所宣說的教育法門也稱為佛教。如果運用現代名詞，其所指的就是「教學原理」，其內容涵蓋勝義諦與世俗諦，並兼顧理論與實踐。然而，就「知識」到「證悟真理」，無上正等正覺的究竟實相之證悟，雖以知識的探討及思惟做其階梯，然而功德圓滿的佛道必須在具體的實踐中完成。換言之，佛教應廣義包含修持佛法的具體實踐功夫與佛法義理的智性探求互為表裡，相輔相成。[11]

更實質地說：人間佛教是一種教育，其所教的內容，主要離不開戒定慧三學，在學程的進展中，從學佛過程的「學人」，到修學完成的「無學」，而佛陀被稱為「導師」，可見佛陀與信眾的關係是老師與學生的關係，並非神教主人與僕人的關係。[12]而佛指的是「覺者」，佛陀所教育的重點，特別著重在「覺」的課題上，所謂「自覺、覺他、覺行圓滿」，成佛是人格教育的究竟完成，太虛大師云：「仰止唯佛陀，完成在人格；人成即佛成，是名真現實。」這種覺化的完人教育，不僅從知識的傳授，更是實踐體證的覺悟歷程，別於其他一般只是知識技能的學習，實有一段相當的距離。

也因此，佛教若離開了「實踐」，便無法掌握佛教的精神；以知導行，又以行致知，其教育方式完全依知而行以明確方向而前進昇華，再依行致知以驗證所知無誤，愈行愈知，這種既不偏於理亦不偏於事的教育，可說是理事兼備、事理圓融的生命教育。

在知識解放的年代，人類物質文明的快速與專業化的發展，已使大多數人在不知所以然而為之的生活狀態中，面對龐大的知識量與來不及深思體驗的學習進程，生活與知識最後往往成了抽象的概念而已。

科技文明並沒有教導人類應該如何發展共同學習與互相了解的工具，如前所言，人類並不了解自己正是整個生態系統中的一部分，當知識無法變成文明的象徵，佛教所提出的諸多理論實踐以及行解合一的觀念，正好提供給現代人做為因應知識困境的學習管道。

——除弊更新，與時俱進

二十一世紀到底是向上提升的文明還是向下沉淪的敗壞？當人類正以各種方法掠奪地球資源，造成生態破壞、能源枯竭，再加上價值觀的偏頗，經濟市場壟斷、貧富懸殊，甚至種族分歧、恐怖組織造成生命威脅⋯⋯失序失衡的景況應該使當代人類做更深度的反省；這其中，除了需要大刀闊斧地除弊、更新策略，不再墨守成規、僵固不化，更要隨時掌握世局，提出與時俱進、足以確實解決人生問題的方法。

「與時俱進」關懷每一時代的眾生，是佛陀所示佛教弘傳的基本原則，更是星雲大師一生弘揚佛法所堅持的理念。所謂「與時俱進」，不但要了解當代問題，更要懂得洞察時代的需要，將佛陀慈悲的教化，以現代人熟悉且樂於接受的方式，揭櫫於大眾。而這樣的理念，正是人間佛教一貫的原則，星雲大師認為：佛教不但要與時俱進地了解現代人的弊病，還要提出解決人生問題為其主旨。[13] 與時俱進的佛教重視「此時、此地、此人」，度生重於度死，法樂重於欲樂，生活重於生死，山林寺院走向學校寺院，經殿樓閣走進書店機構，使佛教資訊化、多元化、國際化、現代化……

佛教歷史上最具改革代表人物的太虛大師（一八八九—一九四七），正也是在面對明清以來山林佛教的積弊，重新提倡了「人生佛教」的思想，其所改革的內涵，全然以重視人生、改善人生為出發點，提出了「佛學的人生觀，合乎現代思潮」，[14] 以校正傳統佛教只重視死後、來生，而忽略現實社會及其生活的流弊。

太虛大師認為：中國傳統佛教的根本問題，並不僅限於思想層面，而是整個思想、制度、經濟交織而成的問題。佛教需要表現的應從「現實人生化、證據科學化、組織群眾化」著手，也因此，太虛大師提出了學理革命（人生佛教的理念）、組織革命（僧伽制度的建立）、財產革命（寺產合理化）之主張。藉此期望重振當時佛教積弱不振的景況。

這位遊學法海又能融會貫通各家學派的太虛大師，不僅引進了西學之長，更奠定了以出世心積極入世。其一生最具影響力者，正是在於其「與時俱進」的條件與魄力。

佛教現代化，毋寧說是以現代方式將佛法「化現代」，[15] 使社會進步、迎新、向上之意。當社會國家不斷隨時代行進而謀求發展，佛教更要以觀機逗教、契理契機為原則，適應當代科技、文化，而改進弘傳的方法。佛光山數十年來不斷將佛教弘法現代化，從寺院傳統講經說法到衛星電台全球同步開放，使佛法自覺教育從「寺院即學校」、「家庭即道場」到「客廳即教室」皆能處處普及。

綜觀以上對時代危機的觀察與反省，「利益至上，道德衝突」需要除弊更新；

「多元價值，困惑加劇」也需要除弊更新；「有限資源，無盡開發」、「競爭對立，人我疏離」在在需要結合各種專才的投入與智力一起「除弊更新」。而「與時俱進」，則需要一群著實立足於人類共同福祉為追求目標，並願意為其理想而堅持到底的人一起共同努力。

人間佛教讀書會對全民教育的影響

知識經濟的時代使社會的變遷也產生了一些特性，例如：資訊的來源太多，無論書籍、雜誌、報紙、廣播節目、有線電台、網際網路，使現代人面對排山倒海的資訊衝擊，陷入「買書速度跟不上出書速度」、「看書速度趕不上買書速度」，甚至「看懂速度跟不上看完速度」的困境與無奈；在學習趕不上變化速度的壓力下，成人要為自己不穩定的前程擔憂，更要為下一代不確定的未來焦慮。

也因此，「團隊學習」成了當代最有效的學習方法。「團隊」離不開人我關係的互動，無論家庭、社區或企業團體，建立真實的人際歸屬也成了當代重要的學習課題；尤其大多數人因忙碌而感到「時間」不夠用，面對變化多元與快速的社會現象，唯有透過全民閱讀、終身學習中所產生的共同語言，使家庭或社區降低人我之間的代溝與疏離，使城市到鄉村透過集體學習的融合效應，拉近貧富的差異。

——化解人我疏離關係

人間佛教讀書會所重視的教育原理，乃透過思考討論的「對話」本質，允許不同意見的表達，並鼓勵不同想法的出現，不因資歷深淺、地位高低或性別差異而有差別對待。在討論的學習場域，使每一種意見、觀點，無論主流、非主流、成熟、不成熟，都有其存在的位置。這種建構在平等之上的對話與互動，以進行式「了解」每個人的思惟，不僅建立了「見和同解」的人我關係，也往往從生命經驗的分享中，化解了參與者過去曾有的疏離。

尤其在大家庭解體、小家庭父母忙碌、兄弟姊妹不再成群的今日，親子共讀更是維繫親情、培養人格的良方。以人間佛教「家庭讀書會」而言：許多夫妻或親子間難以啟齒或長期冷漠的心結，往往在閱讀客觀的材料中，因為提出彼此的觀點，從被傾聽中感受到尊重，在共同塑造與維持「可參與、能接納」的開放風氣中，比較容易客觀地了解到個人的執著或偏頗的盲點，繼而找到化解人我疏離關係的解套方法，使彼此的關係從怒目相視到水乳交融。此外，例如「社區讀書會」，也因為透過團體學習的帶動，改變了曾經是「痲將會」的風氣，甚至因為透過了解與認識，使真正發揮鄰居之間「守望相助」的功能。

這也是為什麼讀書會的學習理論，必須以生活為起點，並落實於生活。每一項學習都是生命的開展，學習者運用先前的經驗做為參考和反思的基礎，透過有效對話與溝通，可以獲得新的經驗或做比較客觀的修正。將「學習」建立在一種合作性的行為，以溝通的本質為基礎，強調對話的學習，在互為主體性的前提下，尋求不同詮釋與信仰的共同基點，也同時藉此打破僵局、拉近人我疏離的關係。

——拉近貧富城鄉差異

為了讓更多未來世代在全球競爭中贏在起跑點，英國首相布萊爾在施政報告中，連續重複三遍「教育、教育、教育」，以表達對教育的重視，並鼓勵所有英國人要「read on」（繼續讀下去）。加拿大從一九九七年開始，自西岸的卑詩省發起，二〇〇二年擴散到全國各地，所有人共同致力於「培養閱讀人」（Raise a Reader）計畫，募款補助各地圖書館、社區中心、家庭援助中心與原住民、殘障兒童……使閱讀成為「全民運動」。日本全國則展開推行兒童閱讀年，並引進英國「圖書起跑線」運動，鼓勵新生代父母說故事給襁褓中的孩子聽。

世界各國之所以重視閱讀，主要因為全球已進入知識世紀，一切競爭基礎都以知識為主，而知識的基礎又來自閱讀的開始。專家指出：二十年後的國力強弱及社會進展，在今日即已注定勝負，對個別家庭而言亦然。

為了落實全民閱讀「生活書香化」的理想，無論是窮鄉僻壤或者繁華都市，人間佛教讀書會在這幾年來，積極針對不同族群做不同類型的發展，除了家庭讀書會、社區讀書會，還走進了寺院、學校、社團、企業、監獄、廣播電台、衛星電視；並依不同年齡層分為：兒童讀書會、青年讀書會、婦女讀書會、金剛讀書會、松鶴讀書會等；針對閱讀性質的不同，分類為藝文讀書會、雲水讀書會、專宗研討讀書會、經論讀書會、電影讀書會、人間音緣讀書會等。

我們希望積極推廣閱讀的風氣，提升世界公民未來的能力，將讀書會融入生活，藉團隊學習打破先天與後天的不足、城市與鄉村的差異，甚至縮減社會上因教育未能普及所帶來的貧富懸殊。

——建立團體共同願景

無論是安定的社會或和諧的家庭，任何形塑成功的團體背後，必然有良善為其共同願景。若領導人本身太過強調個人的意願或目標，必然得長期維持一定高度的張力，使領導者不僅疲倦，效果也未必持久。因為個人往往容易依片段或局部性的思考與行動，而喪失群己的一體感。如何使個人向心於團體並產生共同意願，形成自主性與自發性的團隊，其關鍵就在於透過有效的溝通與了解，並建立團體的共同目標，使個人融入家庭、學校、社會及工作環境，產生實現目標的動力，並努力學習、追求卓越。

人間佛教讀書會以淨化人心為其願景，不僅致力於世間和平，並從心地和平的修證中著手；從利益眾生的過程中利益自己的道業，也在成就大眾中完成自我成就的圓滿人生。讀書會在發展中已漸漸發現：當讀書會走向各階層或各社會團體、學校機關時，因為透過共同期待的願景所形成的凝聚力，使團體激發更大的工作效益。

一旦落實於家庭，將使家庭成員產生互信互助且相互提攜的和諧力；落實於社區，將形成學習型的社區組織；實踐於企業，企業必然產生高效率的生產業績；推廣於校園，不僅整合老師之間的教學理念，更可藉由班級讀書會師生的共同規畫，使學生從自主性的參與、評鑑、成果發表中找到閱讀的樂趣。

也因此，讀書會在透過大家集體討論、規畫並凝聚共同理想所形成的學習型團體後，其所強調的「學習」必須建立在一種合作性的關係上，為真理、為和平、為解脫煩惱的真自由、為淨化人心的生活修行，形成學習型組織的共同願景，使平等性的溝通成為人我相處的基礎，也使自覺覺他、覺行圓滿的理想為其人生努力的目標。

——創造新時代的生機

真正的教育不是只有盲從社會的規範，而是強調自覺教育的重要，「教育」的目的是要引發人心真實的自覺，使人回到內心的原始感受，使價值判斷能透過選擇時自我意識與自我決定的過程和現實產生互動，久而久之，便成為某種特定的人格。星雲大師曾經在〈如何建設人間佛教〉的演講中，提到六點綱要說明建設人間佛教的具體方針：

一、建設生活樂趣的人間佛教。

二、建設財富豐足的人間佛教。

三、建設慈悲道德的人間佛教。

四、建設眷屬和敬的人間佛教。

五、建設大乘普濟的人間佛教。

六、建設佛國淨土的人間佛教。

從社會觀點來看，星雲大師在演講中不斷以顯正為前導，針對「人間佛教的建設」提出實踐的具體方法，主旨不僅局限在佛教界，著眼於振興佛教，更將之提升為人類普遍追求的幸福為目標，提出真正幸福如何可能，人類的財富在何處，並使人們很快了解到慈悲與道德落實的方法。對象以「個人幸福」為出發，最後回歸乃是全體之大眾，跳脫出佛教界內的範疇，以「佛光普照三千界，法水長流五大洲」做為人間佛教發展之藍圖。也因此，大師指出人間佛教若以更簡要的方式來注解，則為：

> 是佛說的覺悟之道，是人要的生存之道；
> 是人間的淨化之道，是普世的善美之道。

而這也是新時代所期望開創生機的理想目標。為了使佛教真正實踐「從僧眾到信眾，從寺廟到社會，從自學到利他，從靜態到動態，從弟子到教師，從本土到世界」，人間佛教讀書會所擴展的範圍，也以突破宗教界內，甚至將之形成一種更貼切於人類幸福的生活方式，透過閱讀與團隊的學習，對世人所關心的名位、財富、家庭、感情、道德等，予以釐清、深入思惟，且正面引導、安頓。

也就是說，人間佛教不再只是理論上的可能，而是建立起可循序漸進的步道，使佛法從正確認知到落實於生活，以「行持與慧解並重，佛教與藝文合一」做為弘法的方針。

佛法離不開人間，離開了生活更談不上修行；根據心理學家庫爾特．勒溫（Kurt Lewin）的研究，有效的學習將影響學習者認知的結構、態度、價值觀、理解力和行為。然而要人們接受新的想法、態度和行為模式，不能支離破碎地進行，必須同時改變那個人整體的認知—情感—行為系統。

也因此，要創造新時代的生機，不是單靠知識的灌輸或口號而已，除了基本的觀念與態度必須徹底改變，可創造實踐的部分也必須提供具體的方法。而所有歷史都是人類歷史的一部分，無論在經濟、政治、社會、生態、教育方面……人類始終在複雜的世界中學習，經由所發掘出來的潛力，最後將再回到人類自己所創造的世界。

是此，人類正不斷地在決定著自己的未來，在面對著知識經濟的時代，人類也需要透過有效的學習以了解過去偏頗的認知與情感，並回到自己本身的主體上做更深度的改變與開創。

人間佛教讀書會所帶動的「全民教育」，正是因應著快速變遷的世界，使人類透過有效的終身學習以具備更豐富多元的生命內涵，並開創新時代的生機。「創造新時代生機」不僅是人類所共同企盼，更是實踐人間佛教的共同目標。

教育是人類傳遞經驗和開展文明的方法；佛陀在住世四十九年當中，所說的三藏十二部經，乃至無言的身教，不但是今日教育的典範，更是一部博大精深的教育系統。舉凡世間一切的知識、德性、思想、技能，都可總攝於佛陀教育範圍之內。

佛陀是歷史上偉大教育家，其「戒學」（法治學）的教育內涵首重言行舉止，「定學」（生命學）則重身心調御，進而重視真如自性的開發，即「慧學」（倫理學）。從三學演繹而來的學科，無論是組織管理學的僧團「六和敬」，「經律異相」的天文學知識，或「緣起性空」詮釋宇宙萬有的關係，「十二因緣」所提出具體的生死學原理……不僅教材多元靈活，其所栽培的人才更影響了兩千五百多年後的眾生。

人間佛教讀書會之展望

人間佛教讀書會未來的發展方向有四：

一、建立見和同解的人我關係。
二、創造全民閱讀的生活方式。
三、落實淨化人心的自覺教育。
四、實踐人間佛教的未來藍圖。

「人能弘道，非道弘人」，透過人才教育培養，使佛陀的教法得以傳衍至今；今後佛教的前途發展，更有賴於教育培養後的人才興隆。[16] 佛光山「人間佛教讀書會」的成長，可說是星雲大師結合佛陀教育的理念，近六十年來對文化的耕耘、教育的人才培養，加上國際佛光會、全球寺院道場組織網的執行運作，再透過一向以真誠純樸的精神推動著讀書會的ＰＨＰ素直友會，其無私的大力協助，才有今日三千餘個讀書會成立與收穫。

若從快速延伸的社會角度來看，其代表了今日的佛教已不同於往昔，佛教在革新的一番洗鍊後，更以制度化、普及化、生活化、大眾化、藝文化、現代化、國際化的面孔呈現給世界各國，同時將人間佛教對全民教育的影響，做一更徹底的弘揚與宣導，使大眾透過佛教教育辨別是非邪正，透過佛教教育了解人生意義，透過佛教教育促進社會和諧，未來期望「佛法生活化，生活書香化」能夠繼續落實在社會的每一個角落。

注釋——

1. 高希均著，〈新讀書主義〉，《讀一流書，做一流人》，頁一〇五—一〇六，天下文化，二〇〇一年。
2. 方隆彰著，《讀書會結知己》，頁四九—五四，爾雅出版社，二〇〇三年。
3. 星雲大師著，〈人間佛教的藍圖〉，《普門學報》第五期，頁三，財團法人佛光山文教基金會，二〇〇三年元月。
4. 星雲大師著，〈人間佛教的基本思想〉，《星雲大師演講集四》，頁六六—六七，佛光出版社，一九九一年。
5. 釋覺培著，〈層次思考，有效閱讀〉，《讀書會方案設計》，頁五—一五，恆經出版社，二〇〇三年。
6. 高希均，〈在學習的年代，不做現代文盲〉，《讀一流書，做一流人》，頁一一三，天下文化，二〇〇一年。
7. 取自〈秦策五〉，《戰國策卷七》。
8. 星雲大師，〈尊重與包容〉，國際佛光會第四次會員代表大會主題，澳州雪梨達令港國際會議中心，一九九五年。
9. 取自「應世」，〈佛教問題的探討〉，《佛光教科書》第九冊。
10. 星雲大師，〈同體與共生〉，國際佛光會第二屆世界大會演講稿，一九九三年。
11. 慧開法師，〈佛教教學對現代教育的啟悟之探索〉，《佛學研究論文集》，頁二二三，財團法人佛光山文教基金會，二〇〇一年。

12. 印順導師，〈佛教與教育〉，《佛在人間》，頁三二三，正聞出版社，二〇〇〇年。

13. 星雲大師，《星雲大師演講集》（二），頁七一九—七二三，佛光出版社，一九八三年。

14. 太虛，《什麼是佛學》；《太虛集》，頁五九，中國社會科學出版社，一九九五年。

15. 陳兵，〈正法重輝的曙光：星雲大師的人間佛教思想〉，《普門學報》第一期，頁二九七—三四三，財團法人佛光山文教基金會，二〇〇一年三月。

16. 星雲大師，〈佛教興學的往事與未來〉，《普門學報》第十一期，頁二一三—二一五，財團法人佛光山文教基金會，二〇〇二年九月。

第十三章 承願而行：國際佛光會對生命的終極關懷

國際佛光會的成立與發展

——創會緣起

佛教本來即僧俗四眾所共有，然而傳統佛教卻一直以僧團為主，因此使得廣大信眾的力量未能完全動員，而且造成佛教漸與社會脫節。為了讓佛教實踐「從僧眾到信眾，從寺廟到社會，從自學到利他，從靜態到動態，從弟子到教師，從本土到世界」的理念，以順應時代的潮流與需要，國際佛光會於是應運而生。

國際佛光會成立於一九九二年五月十六日，然其創會歷史應溯源於一九九〇年八月十日在台北召開的第一次發起人座談會。當時有一〇八名發起人與會，會中確定了國際佛光會的名稱、宗旨、任務、組織章程等主要架構，以及未來籌組工作的重心、步驟與發展方向，一九九一年二月三日，中華佛光協會正式假台北國父紀念館召開成立大會，成為國際佛光會的開路先鋒，亦成為中華民國歷年來最盛大的宗教社團成立大會。

繼中華佛光協會成立之後，在美洲有美國、加拿大、巴西、阿根廷；大洋洲有澳大利亞、紐西蘭；歐洲有法國、英國、德國；亞洲有菲律賓、馬來西亞、日本、香港；非洲有南非、剛果等六十多個國家地區也隨即成立佛光會，並於同年九月，首先以通訊方式舉行國際佛光會世界總會第一次籌備會；十月中旬，假台灣佛光山召開第二次籌備會，世界各地均派代表參加。

一九九二年五月十六日，在十方因緣成就下，「國際佛光會世界總會」順利在美國洛杉磯音樂中心舉行成立大會，並同時舉行第一次會員代表大會，四千多位來自全球四十五個國家的佛光會代表出席這項具有歷史意義的盛會。經全體會員議決，星雲大師當選為世界總會會長；同時選出時任中華民國內政部長的吳伯雄、日本佛教大學校長水谷幸正、香港慈善家嚴寬祜、澳洲企業家游象卿、斯里蘭卡國立大學副校長安那努達法師等人擔任副會長。此雲集各國佛教菁英的盛會，充分體現國際佛光會國際化與歡喜融合的性格。[1]

佛光會創會至今已在世界五大洲各個國家地區成立了兩百個協會、一千個分會，廣布在全球一百個國家地區。二〇〇三年國際佛光會更以「非政府組織」成為聯合國的ＤＰＩ會員、非營利事業諮詢顧問，於全球各地展開文化、教育、慈善、淨化人心的投入與關懷。尤其重視婦女與孩童的平權教育，自二〇一八年起取得聯合國婦女地位委員會（ＣＳＷ）平行會議發表權，分享佛光會於全球為婦女及兒童所進行的平權教育成果。此外，亦於二〇二四年獲得《聯合國氣候變遷框架公約》（ＵＮＦＣＣＣ）認可，取得觀察員身分出席氣候峰會，共同為地球環保而努力。

——成立宗旨

以佛教信眾為主要組織對象的國際佛光會，其創會宗旨如下：

一、秉承佛陀教法，虔誠恭敬三寶，弘法利生，覺世牖民。

二、倡導生活佛教，建設佛光淨土，落實人間，慈悲濟世。

三、恪遵佛法儀制，融合五乘佛法，修持三學，圓滿人格。

四、發揮國際性格，從事文化教育，擴大心胸，重視群我。

透過共同的信仰，不僅為自己求得心靈解脫、智慧圓滿，更以創造安和樂利的社會、增進和平尊重的世界為共同目標。倡導生活佛教，主張家庭就是修行的道場，佛法不能悖離生活，不能把夫妻視為冤家、金錢喻為毒蛇、名利講成糞土；反而菩提眷屬正可以在佛道上互相扶持，淨財愈多，能做更多的佛教事業，正當的名利可以激發見賢思齊的上進心，甚至對於現世安樂的追求要更重於死後往生的期待，能夠把佛法落實在人間，才能慈悲濟世，才能轉娑婆穢域成為佛光淨土。[2]

佛光會更透過各種活動的舉辦，提供會員更多策畫參與的機會，讓會員從參與服務中廣植福慧，獲得法喜，並於日常生活中給予會員各種輔導與幫助，在精神信仰上，為會員解決疑難、消除迷惑。從日常生活中不斷地培養正知、正見、正行，以正覺智去辨別邪正偏圓，如此除了可以獲得自我學習的機會，更能藉著所學去接引大眾，從而完成自利且利他的菩薩道業。

——發展方向

人間佛教重視現實的生活，國際佛光會自創會以來，始終環繞於教育、文化、修行與服務，並倡導「從僧眾到信眾，從寺廟到社會，從自學到利他，從靜態到動態，從弟子到教師，從本土到世界」做為其發展方向。鼓勵僧俗二眾合作無間，彼此相輔相成；從寺廟到深入社會，不但國家會堂、公園廣場、十字街頭、學校教室可以是弘法的道場，乃至廠房車庫、監牢獄所、家庭客廳、公司行號都可以是布教的講堂。此外，佛光會員以終身學習不斷自我成長，參加讀書會、研討會、心靈講座等，並鼓勵共修，使有德有能者皆能從弟子提升為老師，同時讓自己在人生規畫中擁有成長的目標。

由於自由民主思潮的抬頭，人權主義的興起，人類正以無限的開採面對有限的地球資源，國際間有政治上的衝突對立，經濟上有市場壟斷、貧富不均，教育上有城鄉的差異，種族間依然存在著排斥與分歧，這些人為所造成的價值觀偏差，實有待人類做一客觀的檢視與深沉的省思。

國際佛光會成立至今已三十餘年，佛教徒除了走出山林、進入社會、擴大寺院功能，更深入人群服務、走向家庭、助益國家，進而超越國界，延伸至全球。透過全球佛光會員彼此的聯繫、訊息的互通，促進國際間的交流，分享各地文化思想的特色。歷年來，總會長星雲大師每次於世界會員代表大會中，皆發表主題演說，以做為會員精神指標與未來努力的行事方向。每一次的主題論述，皆為扣緊當代思潮及人心需求而衍生的時代宣言，藉此呼籲全球佛光會員展開對生命教育的關懷，並做為具體落實的發展內涵。

國際佛光會因應時代的景況，不斷提出各種主張，其內容含括了人文思想、生命尊嚴與價值、自然生態與環保、社會關懷與社會正義、人際關係、倫理道德，以及宗教信仰等，不僅為當代生命教育提供一參考指南，更藉此讓社會擁有了更多更廣的推動慈善者、文化的播種者、生命教育的弘化者，以及宗教道德的實踐者。

人間佛教對生命的終極關懷

——人間佛教的時代意涵

二十一世紀正當世界走向全球化發展的同時，人類也在面臨一場巨大的轉變，這其中的過程既是經濟發展的過程，也是社會結構、生活方式、道德觀念、行為模式不斷變遷的過程。面對急劇的社會變化，不僅人類心靈狀況呈現出錯綜複雜的局面，其他如思想、觀念、生活和習俗，也同樣受到了前所未有的衝擊。

道德多元化的傾向使得這一代對社會道德規範的適應或選擇顯得較以往更加困難和複雜，再加上追求經濟發展的步調中，整個地球在有限的資源下無止盡地開發，人類與自然正處於迎面相撞的危機。現代化的文明並沒有讓科技與智慧並駕齊驅，不斷的生產提供人類對未來的期許，似乎也漸漸失去了意義。

雖說「競爭」是現代化進程中客觀存在的現象，良性競爭可以邁向快速成長，但是因過度競爭而產生的對立，所帶來的社會問題，難免失去了國與國之間、生命與大自然之間，或社會與族群之間的和諧。人我疏離的現象以及憂鬱症的心理疾病所帶來的自殺死亡率節節高升，人文素養的接續出現斷層，再加上速食文明的取代，教育幾乎成了職業訓練的場所，而非人格養成的殿堂，這使得國內外相關學術機構及學者專家，開始致力於生命教育的學理建構與實務推廣。

有鑑於此，因應時代變遷而提供身心安頓之道，心靈教育與社會關懷成了現代普遍所需。反觀從佛陀教化的本懷，離苦得樂有其「喜樂性」的內涵；從佛陀示現於人間，自出生、修行、成道乃至度化眾生，展現其入世的「人間性」；就經典義理所提倡日常生活中修行的方法論而言，則強調以實用為導向的「生活性」；從大乘佛教菩薩利他的願力與實踐，看出其終極關懷「利他性」的本質；再從和樂圓融的平等思想，向真向善的內在修持，以期達到「普濟性」、「淨化性」的目標。

人間佛教的理念，不但源於傳統之佛教，更與現代社會結構相契合，無論是人際關係的和諧、人與世俗塵勞的淨化、人與自然萬物的調和、人與日常生活的滿足，其包容性與實用性，正好契時契機地提供現代人面對不同階段的人生課題，做一最佳解決之道。

人間佛教以關懷生命為前導，寺院則以發揮學校為功能，協助現代人找到解決困惑煩惱的方法，使佛法融於現代生活中。也因此，強調「理論實踐，行解合一」的人間佛教，以知導行，又以行致知，這種既不偏於理亦不偏於事的教育，強調了理事兼備、事理圓融的生命教育。

其內容包含內在修持與佛法對生命終極關懷的義理探求互為表裡，從實踐力行中不斷思考反省，將宗教內化為生命智慧，重視生活的修行，尤其重視心靈的淨化，顯於外則走入人間、走向社會、走進人群、關懷社會，以正面、積極、樂觀的風格，落實對佛教對生命的終極關懷。

——終極關懷：生命學、生死學、生活學

「生命」為「體」，生死為生命之「相」，生活則是展現生命之「用」，生命

學、生死學、生活學，正好體現了佛法詮釋生命的體、相、用，這也正是人間佛教對生命終極關懷的依據。

佛教的觀點認為生命本身並無一固定的本質，無常說明了生命不斷遷流變化的現象，無我則強調了生命乃由於諸多因緣和合而成，並無實存的體性，這一期的生命將創造繼起生命的因緣，每個生命來自於諸多因緣的成就，此乃自然的現象，即客觀的事實。

植物需要陽光、空氣、水等因緣條件才足以成長，生命的延續，像忍耐的力量、思想上的智慧、希望裡的目標、各種意見看法、天地之間許多福祉的滋潤，也會增加生命的內容、生命的力量。所以生命的意義就是在引動我們繼起的生命、生命的意義讓世間生生不已、欣欣向榮，從個人的生命擴大到宇宙世間無限的生命。也因此，生命在不斷創造善美淨化的因緣中，同時也在創造未來更好的生命品質，在每一期的生命中，應具備「以眾為我」的生命觀，為大我的生命做更多的貢獻。

生命不僅止於生活，人的死亡也是生命中的一個階段。從佛教的觀點來看，死亡只是這一期的生命轉換成另一期的生命，生死只是一個循環，在佛教認為，生命是不死的。「生死」只是生命流轉階段的不同相貌，在生死流中生了又死，死了又生，死亡如同舊屋殘破剝落，身體好比房子，損壞了，換一個色身，這一個死，正是另一個生的開始。

佛教講「十二因緣」，生命是環型的，人有生老病死，世界有成住壞空，我們的心則有生住異滅，生死始終循環不已。生死具有普遍性、平等性，也是宇宙萬物的真理，無論帝王將相，或販夫走卒，皆有生死。佛教認為生死輪迴的去處乃由我們自己的行為所決定，所以「死」又稱為「往生」。

「往生」的意思，即死亡後投生，有隨念往生、隨習往生、隨重往生三種，依自己生前所思、所言、所行的慣性而往，並非有一主宰者決定去處，也因此，佛教倡導生命教育的議題中，鼓勵學習培養心念光明，或培養良好的習慣，轉化不當的習氣，或積極行善助人，在世向善往生亦獲生善處等，生死有了這樣的認知，則面對生死時便無所畏懼。

若以生命為「體」，生死為「相」，生活為「用」，則任何生命的延續必然需要面對「生活」，星雲大師在佛教生活學中提到：學習認錯、學習柔和、學習溝通、學習生忍、學習放下、學習感動、學習生存、學習靈巧，都是面對生活所需具備的基本精神與態度。

此外，在物質上學習簡樸，在生活上學習技能，在語言上學習幽默，在做人上學習藝術，在工作上學習勤勞，在志趣上學習奮起，在學佛上學習發心等，都是面對生活應不斷成長學習的方向。

總之，人間佛教的「生活學」主張慈悲包容，倡導生權平等，同時重視家庭和諧，期望共同創造社會福祉。

生命教育的實踐與開展

——人道關懷社會救助

「慈善事業福利社會」是佛光人的四大宗旨之一，而社會救助必須從人道助援到永續關懷的專業領域為出發點，佛光會章程所賦予之宗旨使命，內部分層決行與合作、資源的投入、專業的思惟及運作模式，救助的方法及技巧培訓，亦皆為檢視社團運作是否順暢及發揮功能之重要依據。

有鑑於近年來重大災難頻繁，對地方及百姓造成嚴重衝擊，特訂定「國際佛光會中華總會急難救援執行計畫」，做為啟動各項動員作業之依循，以確保災情發生時能迅速適時適切處置，以提升佛光會對重大災害之緊急應變能力，並積極進行救援及關懷工作，讓災民身心能及時得到妥善的照顧與救濟。

敬老恤貧，安生慰死

有鑑於「家有一老，如有一寶」的觀念日趨淡薄，高齡化的社會問題更是層出不窮，無論是養老院長者的探訪，或是社區獨居老人的關懷，本會除了接受各地求援之個案，並主動探訪社區角落，經社工人員評估後，予以各項服務，如送便當噓寒問暖，或義診義剪、協助清理環境、發送補助金、陪伴關懷等。除此外，醫療方面，佛光雲水醫院更提供低收入戶貧困患者，免費看診施藥，並結集醫護人員組織施診醫療隊，長年來巡迴於偏遠山區，嘉惠貧困居民減輕病痛。為配合相關慈善服務，本會於全省成立友愛服務隊，為孤苦無依的獨居長者、病苦者，清洗身體、修剪指甲及頭髮、整理居住環境等。

本會更以慈善教育化為出發點，期望宣導以感恩惜福及廣結善緣的理念，全國同步舉辦「捐血報恩」活動，讓許多民眾紛紛慷慨挽袖，每年皆受頒為「台灣榮譽捐血團體」。除上述外，本會亦全力支援本山相關慈善單位，如大慈育幼院、仁愛之家、崧鶴樓、萬壽園等，積極從事各項義工服務，並透過全國組織的分布，就近從事關懷與照料。

人道救援，國際關懷

本會也持續投入人道關懷計畫，如捐贈南非輪椅、衣物、藥品、運動鞋等日常所需，長期認領貧困孤兒生活費用，成立愛滋孤兒教育中心，並為南美洲長期面臨失學與基本生存條件不佳的巴西貧民窟失怙兒童，成立「如來之子」計畫，已有數千位兒童接受生活教育、技能訓練與道德教育的栽培。而巴拉圭「零饑餓計畫」，由本會免費提供豆漿機與黃豆，每週有至少三十萬貧民免費接受豆漿、豆餅等食物，讓各村落的貧民生活條件得以改善；國際佛光會印度馬德拉斯協會為南印度成立兩個南亞海嘯「婦女就職訓練所」，長期規畫婦女裁縫班、刺繡班、打字班、電腦班，使四個鎮區的受災後貧民婦女，在接受就職訓練後，皆獲得謀生的技能。

佛光會結合佛光山轄下系統，從事社會救助，以圓滿解決「人一生的需求」，從「生、老、病、死」四件大事中，去撫卹孤幼，賑濟貧病，照顧老弱無依的廢疾者，及往生後的骨灰安置等，逐步達致「幼有所養、壯有所用、老有所終」的人間淨土。對於重大災害所帶來的災難，其救助首以「救急」、「即時」為處理原則，隨後為傷亡撫卹、心理建設、居住安置、就業（學）輔導、家庭（社區）重建等。此亦展現了宗教對人道關懷與社會救援的具體呈顯。

——環保護生資源回收

國際佛光會從一九九二年發起一系列淨化人心的社會運動，除了倡導大自然生態環保，同時結合心靈環保主題，強調尊重與包容、互助與互補、了解與體貼，便能與大自然「同體共生」，因為人類往往是生態問題的製造者，若要處理環保問題，必須自我覺醒、開源節流、愛護地球。其中「開源」包括開發自己的慚愧心、感恩心、歡喜心、感動心；「節流」則是指節省金錢、節制貪心、不好買。

資源回收，蓋寺建校

佛教以慈悲為懷，素食是慈悲心的展現，保護環境、珍惜大地資源也是對自然萬物的慈悲。佛光山推廣素食，在全台設立讓民眾親近素食的「滴水坊」；在環保上則進行資源回收、淨灘、淨山活動、種樹計畫等綠化的工作。

其中資源回收，以彰化福山寺資源回收為例，自一九九六年起，由法師們帶著一群發心的信徒，在各個大街小巷設置回收點，不眠不休地從事回收工作，每晚排班開小貨車到社區大樓、街道，從事資源回收。剛開始收集資源回收物不多，後里民看到回收資源變賣所得，用來做為當地建寺經費來源，並為當地成立彰化社區大學，使民眾得以接受成人教育，鄰里街坊遂紛紛熱心響應參與，廢電腦、音響、家具及燈管，只要能回收的，都交給環保回收義工。

當時資源回收的價格並不好，紙類一公斤才七角，一大卡車只能賣四百元，但聚沙成塔力量驚人，就這樣一點一滴地籌募建寺經費，成就了彰化地區一個清淨教化的環境。而佛光大學也是多年來累積眾人致力資源回收的辛苦，由一群義工默默從事資源回收工作，將所得悉數投入建校工作。

捉放之間，觀念宣導

佛教雖倡導護生觀念，但是鑑於「放生」不當所造成的生態破壞，預期放生造成更多動物被濫捕的危機，本會於二〇〇五年六月結合中華民國動物保護協會，於全國北中南舉辦四場「捉放之間—動物放生管制宣導說明會」，共有兩千餘人聆聽，邀請佛教界、學術界以及環保人士一起為放生議題重新做探討，並舉出不當放生造成對更多生命的傷害。在說明會上一致呼籲尊重生命，提倡「護生」而非不當的「放生」，對於放生行為可能觸犯法律責任，以及放生行為可能帶來的影響，提出對大自然真正的關懷與愛護，釐清台灣生態環境之間的情感，與自然和諧的相處之道。

七誡運動掃毒淨心

由於經濟發達、科技帶來了人類物質生活的提升，卻也加速了精神文明的沉淪，國際佛光會於一九九二年發起了「把心找回來」系列活動，結合數十家電視、廣播、報紙及雜誌等，呼籲社會大眾找回心中的愛，從愛自己開始，延伸至愛人群、愛社會……透過七場巡迴講座，拍攝宣導短片，以公益廣告的形式在電視台播放。並於同年十一月發起「時時樂清貧，處處簡樸心」，喚起大眾愛惜生命、拒絕誘惑，傳達「知足、不貪、簡樸」的清貧生活理念。

一九九四年則展開「淨化人心七誡運動」，宣誓誡煙毒、誡色情、誡暴力、誡偷盜、誡賭博、誡酗酒、誡惡口，並於各地戒護所協助戒毒工作。此外，還積極推動「反毒總動員」全國巡迴宣導活動，杜絕毒品氾濫，並發動全國民眾參與七誡宣誓簽名活動，重新建立祥和的社會。同年五月由港台知名人士及佛光山法師組成「淨化人心七誡籃球義賽」，於輔仁大學、台北體育館熱烈展開，期以正當休閒活動，帶動七誡自律生活，打出健康進取的人生。

一九九七年在星雲大師的倡導下，本會身先士卒走在大眾面前，於台北、高雄開出一輛只有起點沒有終點的「慈悲愛心列車」，北部於台北中正紀念堂啟程，由星雲大師主持；南部則由高雄中山體育館開出，由慧開法師率隊出發，兩千多位「慈悲愛心人宣導師」利用假日，頂著豔陽，冒著風雨，拎著鑼，敲著鼓，舉著小旗子，高喊「心靈淨化、道德重整、找回良知、安定社會」，一步一腳印走遍全國各鄉鎮、市場、公園、學校等人潮群聚的地方，做了數百場「心靈淨化宣導演講」。並於同年十月五日集聚八萬餘人在中正紀念堂廣場舉行「慈悲愛心人宣誓會師救台灣」活動，從而發展出「慈悲愛心青年人」、「慈悲愛心演藝人」、「慈悲愛心工商人」、「慈悲愛心媒體人」……希望落實愛台灣、救社會，期望民眾走向建設真善美的寶島。

次年四月份，本會更發動全民落實「三好運動」，亦即做好事、說好話、存好心，率先響應三好運動，除了舉辦檀講師全國巡迴講座、研討會、座談會，以及為考生服務等各項活動，獲得廣大回響與好評，本會更與內政部、行政院聯合舉辦「全民三好運動大會」，吸引近十萬民眾參加。

之後更因文明病憂鬱症人口增加，二〇〇六年底由時任佛光會總會長的心定和尚發起「放輕鬆—全民減壓運動」，聯合高雄市政府社會局及佛光山禪淨法堂，於農十六公園舉辦千人禪坐全民減壓的活動，有近兩千位民眾參與。內容包括呼吸情緒管理法、放鬆筋骨健身禪，透過禪坐沉思的有效方式，使身心長期的壓力得以釋放。

所謂「德不孤，必有鄰」，人心淨化的運動自一九九二年推展出有計畫、有系統的活動，這一路走來，全國上下，社會人心透過潛移默化的功能，使更多人願意奉獻於社會，並走入教化服務的行列。

——巡迴推廣生命教育

自一九九三年迄今，每年舉辦全國教師生命研習營，以關懷生命為主軸，為教育界的老師提供有關生死學、宗教人文、人際關係、現代管理、家庭教育、教學技巧、心理諮商等課程；於二〇〇一年為榮譽觀護人舉辦教誨師職前講習會、佛教心理諮商工作坊，以及全國教師生死教育研習營、校長禪修營等，幫助教育工作者對自己、對生命、對心靈、對環境，擁有不斷深入探索生命教育的新視野。

除了教育界的生命教育工作推廣，本會早在一九六九年開啟全國第一屆大專夏令營，計有二十六所大專院校百餘位青年參加，成為佛教史上一項創舉。更在一九七九年首創兒童夏令營、媽媽夏令營、教師夏令營等，利用寒暑假參加多元化的生命教育活動。其內容包括道德禮儀、文化藝術等，以各類型體驗教育、分站教學方式，讓成員藉著團隊的腦力激盪，培養解決問題的各種能力。

為使生活教育、宗教教育、道德教育得以不斷延續，為下一代社會的棟梁做長遠性的培養與發展，二〇〇〇年本會更成立了「佛光童軍團」，並舉辦國際性服務員木章基本訓練、木章進階訓練，數千位滿二十歲以上服務員奉行「降低年齡、放下身段、擯棄原有童軍身分」，接受一連串的挑戰。其內容除了童軍技能人格，學習基本的說、唱、跳、製作教具，強化團隊組織，更使兒童從小培養積極向上、合群守規律的好習慣，建立責任心與榮譽感。目前佛光稚齡團四十團，幼童軍團四十四團，童軍二十一團，行義童軍十團，羅浮群三十團，成為全球佛教社團所推廣的最大童軍組織。

此外，為培養當代青年具有國際宏觀與世界接軌的觀念，二〇〇五年國際佛光會青年總團派遣二十一位來自全球各地的佛光青年，前往聯合國紐約總部參加「第二屆友善大使國際青年會議」，共有來自七十個國家的青年參與盛會，包括亞洲、中東、非洲、美洲、歐洲、大洋洲等地區團體與個人代表，除了參與世界青年各項發展議題的討論，亦提出當代青年從事人道救援的義工服務計畫。同年暑假，紐約佛光青年團、洛杉磯佛光青年團，更前往巴西從事青年下鄉服務，為貧民流浪兒童輔導英語及各項生活技能教育，使人道關懷與救援的觀念從青年培養起。面對e世代的青年，本會更透過各種生活營、激勵營、成年禮，傳達溝通、創意、情意教學，期望青年從課程活動中，體驗「人與人、人與事、人與自然」之間微妙互動的關係，並激發關懷生命的熱力。

——全民閱讀終身學習

在面對知識經濟的時代，「全民閱讀」的數量與品質已成為社會進步的重要指標，透過「終身學習」才足以因應瞬息多變的二十一世紀。而人間佛教推動閱讀，則立足於「生命教育」的觀點，期望閱讀與生活的體證、經驗、思惟契合，文字一旦有了層次的深入，才能漸漸產生自覺的力量；而自覺，正是認識自己、安頓身心的第一步。

以文教起家的佛光山，在致力推動「人間佛教」理念中，強調文化傳播、教育深耕的重要。從一九五七年星雲大師擔任《覺世》月刊總編輯起，陸續整理、翻譯、出版佛教經論及佛學著作，為佛教留下了豐富的文化資產。並培養無數佛教青年加入弘法的行列，使佛教的文化教育，藉其所設立的道場做為弘揚的據點，再透過制度化、生活化、現代化、大眾化、藝文化、事業化、國際化、人間化，呼籲所有百萬信眾為「生活書香化」的開展而努力，強調「終身學習」的理念。

為此還成立人間佛教讀書會，全球同步為「全民閱讀—生活書香化」的實踐而開跑，從台灣本島到海外，舉辦了上千場全民閱讀宣導及培訓課程，培訓上萬名讀書會帶領人。甚至受到馬來西亞教育部的肯定，響應推廣全民閱讀，並受邀前往為大馬終身學習計畫做人才培訓。透過「全民閱讀終身學習」引領學風，潛移默化了數萬人的生命，為國際佛光會再造知性的「學習型組織」。

誠如星雲大師所言：「人間佛教是擁抱生命的佛教，是解決生死的佛教，是落實生活的佛教。」其內容包括生命學、生死學、生活學、未來學，以及倫理觀、道德觀、情感觀、信仰觀、財富觀、醫療觀、政治觀、社會觀、國際觀等，其特徵具有人間性、生活性、時代性、利他性、喜樂性、普濟性、平等性，希望結合大眾的力量，透過有系統的組織運作，有制度的分層負責，有目標的具體實踐，以出世心做入世行，全然關懷生命。

「人間佛教的行者，不在『說』了什麼，更重要的是『做』了什麼？」同樣地，生命教育的關懷行動，不再只是書本上的文字，而是能夠落實在生活中，注入到思惟裡，成為具體可實踐的生命體驗。

注釋——

1. 佛光山宗務委員，〈國際佛光會的創會緣起〉，《佛光教科書第十一冊・佛光學》，頁三九，一九九九年十月。
2. 佛光山宗務委員，〈國際佛光會的宗旨和理念〉，《佛光教科書第十一冊・佛光學》，頁四七，一九九九年十月。

第十四章　修行與解脫

程恭讓老師寄來一篇精采小文，其中提到「修行」與「解脫」一段，心有所感，分享個人心情：

早上清晨六點三十分我們從台北出門，凌晨零點三十分再從高雄回到台北，搭乘汽車、高鐵再轉火車，我跟師兄弟們共同度過了一天快樂的「修行」。

這一天，我們為「萬人禮讚偉大的佛陀音樂會」召開籌備會議，討論如何接待從五大洲回來禮讚佛陀的每一位菩薩，也思考這當中的流程，怎樣才能讓大眾供養十方諸佛，「稱讚如來」。

於是，會議後我們頂著正午近三十度的太陽，在菩提廣場上來回丈量，跟著八十歲的容師父，一群師兄弟想像著舞台燈光音響的所在位置，盡一切可能，在任何角度，都要讓與會者充分感受到與佛同在。我們計較五公分、十公分的距離，唯恐稍有偏差，總要讓盛典做到盡善盡美！

完成後，我與大佛相視而笑，內心充滿無比的光明與歡喜，因爲可以為佛陀奉獻心力，讓近萬名佛子，一起深深向佛陀頂禮，一起歌詠讚頌偉大的佛陀。

我興奮地去法堂探望最敬愛的師父，老人家正坐在輪椅上，慈悲地聽著我的一字一句……雖然最近毀佛聲浪不斷，榮辱毀譽，對他依舊不增不減，老人家關心的是兩岸、是社會、是顛倒妄想的眾生，未來將如何承受這一切的因果業報。一生持守清貧的他，能給的全給了，在他的生命中，水裡來、火裡去，驚濤駭浪間，不變的依舊是「為了眾生」、「為了佛教」。在師父的身上，我懂得什麼是「為佛教也，何惜生命」！

接著我匆匆趕往即將舉辦「萬人禪淨共修」的高雄巨蛋場地，跟幹部勘察了上下內外的空間，評估著進場退場的時間，站在高處往下望去，我彷佛看到滿滿信徒的虔誠恭敬，決定再想辦法騰出千餘個席位，以滿足一萬五千人的報名，想到法華會上百萬人天，即使半座予人，也能種下成佛的因。龍華會上，在每次的禪淨修持裡相會。

回到南屏，吃著麵，聽著幹部興奮的聲音，他們忙著告訴我交通動線的規畫，消防措施有效的訓練……我靜靜享受著他們對佛教護持的熱情，靜靜欣賞著他們對宗教生命價值的篤信。

籌備會上，會長主持流暢的會議，我繼續聽著一組又一組的報告，深知道自己坐在這裡，其實工作不需要，需要的是知道「信徒的心」，在陪伴、點頭、微笑間，做他們發心背後的肩膀與依靠。坐在這裡，我同時與他們共同修行，檢視著自己的慚愧感恩與大願心。

師父上人總是讓我明白「盡形壽，獻身命」的道理，而今望著樂於服務奉獻的「諸上善人」，我再次慶幸，當下，不正是值得我修行的淨土？

高鐵內，這一車廂就我們師兄弟幾人，最末的這一班車，寥寥無幾，有誰知道這群談笑風生的比丘尼，一日來已工作了十八個鐘點。看著窗外的夜空，突然想起別人對佛光山的形容：是「當代苦行僧」，我莞薾一笑，苦行僧不苦，不過就是享受了十八個鐘點的法樂而已。

佛光山的法師，在清晨迎著朝陽，像朝陽般充滿希望，展開與菩薩相遇的一天；在披星戴月的深夜中，內心沒有黑夜，而是收穫滿滿的另一個希望開始……

而這十八個鐘點，是剎那，也是永恆。是解脫，也是修行！

因為這十八個鐘點——

不離佛身法界，是剎那，也是永恆；

不住繫縛煩惱，是修行，也是解脫！

是修行，因為不住繫縛，

是解脫，因為常住法樂。

終篇

善美的

佛教的樣貌不一定得變成「很現代」，卻必須考慮如何「化入」現代人的內心。佛法必須切實與現代人的生活結合，才能真正發揮實質上的作用與影響。眾生在全球化的衝擊下，普遍人心浮躁與不安，若要聞聲救苦，佛教就必須以各種善巧「方便」將「般若」「化」入現代生活，轉煩惱為菩提。

第十五章　當代佛教的變與不變

綜觀人類的現況，極端與衝突大於客觀與融合；政治角力的對立拉扯，貧富不均的極端化，科技天翻地覆的革新，這一切帶給人類大量、高速且多樣性的訊息，使人心變得更加焦慮與不安。

透過「大數據」雖然可以分析「過去發生什麼」、「為什麼發生」、「未來又將發生什麼」，但佛教徒能否藉科技的方便性，從「大數據」為佛教發展做出有效的指標與檢討？網路世界虛虛實實，佛教徒如何從客觀理解到理性接納，過濾其不當影響後，再以網路做出正信的佛教傳播？「人工智能」的出現，取代的是更豐富的知識提供，大量的經書典籍不僅可以被複製，可以用來講說，也可以被有效回應，當代佛教如何借力使力，又如何展現不可被人工智能取代的存在價值？

佛教發展的變與不變，成了當代佛教徒不得不思考的議題，雖說紊亂的時代，失序的社會，人心的不安，佛教在此時的意義更顯彌足珍貴，但是再好的佛法，未經傳播與傳承，也終將走向衰微；如何以聽得懂的語言「傳達」，使人親近，以有效的方法「傳播」，使之普及，培養人才「傳承」以續佛慧命，已成為當代所有佛教徒責無旁貸之急。

詮釋佛法，要真理，也要世理

凡是講說佛法的人都知道，時代會牽動文化，文化也會改變言語，從兩千五百多年前口述佛陀的法義，到弟子們數次經典的結集，輾轉從梵文、巴利文、藏文，或者各種不同外語的翻譯，再從古文、白話文，到各種白話版本的注解，乃至以更現代的口語詮釋一門思想，能掌握精準的原意，還要因應大眾不同的根機，確實是極其複雜且不易之事。

但佛法乃「應病與藥」，不知病者自然不知其藥能治病之妙，知病者若不知藥之所在，最終束手無策，眼看眾生病入膏肓。在佛法大海中能否任取一瓢受用不盡，詮釋佛法的人就成為關鍵的橋梁，說法者既要知苦惱的因，還要給出適當的療癒，**病從世間來，當知世間事，取藥者知真理，也要知世理**。所謂覺悟有情的菩薩道，在有情世界洞察真理，也在有情世界淬鍊心性，轉煩惱為菩提。

也因此，詮釋佛法者，以佛教名相解釋佛教名相，往往增加更大的隔閡距離，說法者要知民間疾苦，要了解人情世理，也在大煩惱中勘透究竟，從實踐六度四攝的饒益有情得大解脫。若能以故事取代說理，以世間事印證佛法的究竟，更能令人有感地體悟佛法之妙，妙在一切時一切處。

佛法弘揚，要科技，也要歸零

當龐大的訊息可以隨手從網路資料得知，人人一機知天下後，宗教就不再只是自己的宗教，佛教也不再只是自家的佛教而已。這個時代的個人或群體已走向公開透明，人類的學習模式也改以從手機上隨時可得，「雲端時代」的龐大知識來源，儘管「普門大開」，人不一定會進來，但是「閉門造車」必然只會與人群更加疏離。再加上人類閱讀習慣從過去的平面、廣播、電視到網際網路，其學習的多樣性，也從主動瀏覽到被迫接收大量資訊，乃至多對一或一對一的互動學習，佛法的傳播勢必也隨著紙媒、電媒、網媒到自媒體的新時代，「正信佛教」在面對凌亂的宗教／非宗教、佛教／非佛教的各種宣傳下，既是挑戰也是機遇。

但從另一層面來看，當人類長期被籠罩在新科技的生活，看似五花八門的外塵，妄念如瀑流的映照下，虛擬的世界將使內心更加希望回歸平靜，渴望煩惱的止息，更是「放下」的契機，佛教在巧妙運用科技傳播之際，更要讓學佛者體會「歸零」的清淨，在禪修念佛止靜的同時，無疑是一帖對治煩惱的良藥。

「歸零」不是一種思想而已，而是放下手機通訊，放下頭銜身分，放下防衛武裝，放下好惡榮辱，放下歡心傷心，放下五蘊六塵，當徹底「離一切諸相」，是名諸佛的領悟即在其中。

佛教教育，要專才，也要通才

當代佛教的發展，不能欠缺人才，弘揚佛法者不僅要打破僧信的界線，更要不限性別，視眾生平等，所學習的內容更要延伸多元議題，尤其當網路、視訊、VR、AR走到AI出現，學習從固定場域到隨處隨地、從平面變成立體化，人人都能自學的時代，教學者絕對不能故步自封。未來的佛教學院，內涵上更需要定慧等持，不僅對於佛法要內行，對世間事也不可外行。

除了佛教經律典籍需要深入探究，舉凡醫學的革新、科技的突破、量子力學的空與有，或天文學的宇宙觀，乃至音樂的多元運用、佛教與藝術的結合，或政治、經濟、文化、教育、環保等，凡是影響生活的各種議題，都應增列在佛學院的課程中，使學習者與當代社會不致於脫節，或產生不知民間疾苦之窘況。

嚴格來說，「佛說一切法，為治一切心，若無一切心，何用一切法。」說是世法，其實不離佛法，如維摩大士以身示疾，開展出一連串不二與究竟之法門。維摩大士乃在家居士，「生病」更是生活中再平常不過的樣貌，只是菩薩凡夫的病，病得有所不同。無論病從何所生，對病應如何看待，探病應有的態度，如何藉病以開悟，對於疾病的層次不同，可看出眾生有利鈍根機之差異，如佛陀說法歷程，以不同教化方式廣度有情，在福德因緣深淺差異中，引進佛門與得度方式皆不可同一而論。無論禪、淨、密、律，或頓悟，或漸修，無非善開方便門，令眾生了悟生命的實相，啟發清淨道心。

寺院功能，要學佛，也要交流

傳統思惟中的寺院功能，僅止於拜拜求平安，星雲大師則是定位「寺院學校化」，使寺院成為老小學習的地方，甚至又將寺院定位「百貨公司」，希望大家不要向外求，帶著全家來寺院，可以發掘內在源源不絕的寶藏。無論學佛、上課、共修、聽講，寺院可以是地方的信仰中心，是藝術文化的活動地，是善童的樂園，是青年的聚會所，是長者的樂齡學校，是苦惱時的避風港，是身心疲憊時的加油站，還可以是大人小孩聯誼交流的歡樂地。

唯有將寺院的功能不斷擴大，讓社會大眾喜歡寺院，拉近佛教與群眾的距離，不斷創造學佛的因緣，增加佛教與社會大眾接觸的機會，使寺院不再是少數佛教徒的生活圈，而是影響更多的非佛教徒親近道場，各取所需，在直接或間接的因緣中，種下學佛的契機，也在聯誼的交流中，釐清佛法的真義。

星雲大師在全世界的各道場，開設滴水坊使民眾吃到美味的素食，規畫美術館讓喜歡藝術的朋友踏進佛門一窺究竟，大會堂、課堂都是大大小小上課學習的教室，大小會議廳也是讀書、聯誼交流的場域，戶外廣場可以是表演的露天音樂廳。如此一來，寺院不再只是寺院，而是帶動社區淨化人心的新地標，更是全家共同學習成長的大家庭。

信仰人口，要擴大，也跨領域

宗教的價值在於打破宗教間的藩籬，佛教的偉大也在於無私無我的海納百川。當佛教徒只見到佛教自己，見不到更廣大的非佛教徒，佛教發展必然凋零；

要增加佛教的信仰人口，人從民間來，當從民間去耕耘，走入人群是增加信仰人口的第一步，山林佛教並非不好，而是遠離了人群，人群也會遺忘佛教。更何況學佛行者只顧自受用，卻不能令多人受用，也是自私的修行。

走進人群除了要掌握「非佛不做」的原則，還要以「饒益有情」為前提。當代佛教要能興，也必然要先開闊胸襟、包容異己。「擴大」是佛教徒應培養的涵養，也是破除「我執」的宗教實踐，「跨領域」是打破固有的框架，虛心納受對佛教發展有用的一切知識與方法，從中找出開拓佛教的新契機。當我們以為「什麼是佛教」，可能我們也落入了「什麼不是佛教」的偏執，甚至扼殺了開發潛在佛教徒的機會。

星雲大師從年輕開拓佛教的歷程中，不難發現他敢於打破佛教既定的包袱，只因為不捨一眾生，從念佛會到歌詠隊，從寫文章到講說佛法，從窮鄉僻壤到繁華都會，從佛教到跨宗教，從寺院到辦學，從大專夏令營到教師研習營，從雲水醫院到雲水書車，從佛教美術館到佛陀紀念館，再從藝術美學到各項體育及啦啦隊，每一個創舉都在改寫佛教的歷史，每一段歷史都在印證佛法的無限，他是革新佛教的先驅，也因為他的作為，使佛教超過預期所認知的「可以是什麼」或「不是什麼」，而且無遠弗屆地讓佛教跨領域展現其魅力與影響。

* * *

當代佛教的「變」：在義理上要以「生活語言」取代「生澀古文」；在傳播上要「給人方便」取代「被動消極」；在教學上「以學習者為中心」取代「以說法者為中心」；在學習上要「跨領域學習」取代「本位主義學習」。

而當代佛教的「不變」：在義理上要遵循「自依止，法依止」，回歸佛陀本懷；在生活上「以空為樂」，不慕名聞利養；在修行上實踐「菩薩利他」，饒益有情；在弘法上要「應病與藥」、「廣學多聞」乃至「不捨一人」。

第十六章　後疫情時代的佛教新發展

超過半個世紀以來，台灣佛教在各寺院開山者的創立下，數十年的耕耘，已形成各家獨特的風格與宗風，有重視禪修的道場，也有專心念佛的寺院，有著重在教育辦學的教團，也有一心潛修山林的阿蘭若。原本各自弘揚其各有特色，星雲大師有感佛教在台灣雖百花齊放，卻沒有交流互動而缺乏共識，難以形成佛教的力量。更有道場因老化且人事凋零，欲將寺院轉託他寺管理，這些窘況正說明著佛教需要更多人才，而人才則仰賴佛教的教育，能住持一方的管理者，需如禮如儀地恪遵叢林清規，建寺安僧還要用心辦道，這些都離不開長遠的教育工作。

星雲大師的願景

星雲大師晚年始終掛念佛教的未來，在思想上，各宗各派儘管各有所長，卻不宜疏離或對立，更不能離開以「人間佛教」為核心之佛陀本懷；在方法上，教界應彼此多交流往來，一來減少消極或閉門造車，二來可以增加各種學習的機會，無論寺院的管理，或是僧伽教育的規畫，透過經驗的交流可以降低錯誤的發生，星雲大師常說：「佛教需要團結才有力量，教界彼此一定要往來才有未來，不僅台灣如此，兩岸如此，更要與南北傳佛教互動交流，以建立友好的情誼，帶動世界的安定與和平。」

二〇一五年，在星雲大師的鼓勵支持下，台灣佛教終於以「人間佛教」為共同理念，正式成立「中華人間佛教聯合總會」，至今邁入第十年。聯合總會打開了台灣佛教界內的交流往來，也前往緬甸、泰國等地與南傳佛教的僧團進行參學，甚至協同大陸中國佛教協會一同前往日本訪問各大宗派之宗務總長，對日本佛教的發展與演變，有了進一步的了解與認識。

這些年來，尤其多次與大陸中國佛教協會的合作，共同促進了兩岸佛教間的友誼。無論是西安的宗派祖庭之旅，或者禪宗的閱讀之旅，乃至兩岸佛教學院的研討交流，不僅奠定了「人間佛教」是為佛教發展的共同理念，大家更體會到佛教不應離群而獨行。而「中華人間佛教聯合總會」也從最初兩百家寺院團體會員，到逾四百家包括教團寺院與兩百位學者專家等個人會員的加入，可說是為台灣佛教的友好、凝聚與發展，拉開了新的篇章。

人間佛教發展研討會緣起

初成立時，為了解寺院團體會員的需求，建構一個大家所期待的人間佛教聯合總會，祕書處展開全面的問卷調查，統計出台灣佛教最令人掛念的議題。統計結果發現，佛教人口的老化、寺院接班人不足等問題，普遍為最大的困難與挑戰。其所牽動之原因，除了整個台灣社會大環境的「少子化」問題，主要還是在於弘法的方式無法貼近當代社會的需要，無法契機年輕一輩者的需求，而寺院接班人的問題背後，更說明了佛教缺乏人才培養與傳承，一旦忽略了教育，必定走向斷層的危機。

有鑑於此，聯合總會開始為教界舉辦「人間佛教發展研討會」，以帶動佛教永續發展的思考向度。每一年的主題皆扣緊弘法者最關切的議題，不著墨太多的理論，而是更側重在有利於佛教發展的實務經驗與分享，藉由多面向的探討，提供寺院住持或佛學院教學者，在弘法、教育或傳播上，擁有更開闊的思惟，吸取更多元的有效方法。

二〇一六年，以「當代佛教的挑戰與因應」為題，對台灣佛教信仰人口老化、寺院傳承等問題進行探討與反省，但也再次釐清「人間佛教」之所以必須回歸佛陀本懷，無非希望各宗派各教團雖門風不同，但以佛陀教法為尊的前提下，應該融合彼此，避免在合作與互相學習的觀念上有所分歧，造成教界內的分化與內耗，甚至更應該截長補短地欣賞彼此的優點，讓台灣的佛教在發展上取得更多成功的經驗，為不斷演變的大時代找到弘法的新契機。

二〇一七年以「多元弘法面面觀」分享弘法者如何契理契機地提供不同年齡

層的學佛方式，使增加佛教信仰的人口，降低學佛的年齡層，擴大佛教接引的因緣，使寺院學校化，弘法數位化，找出佛法如何向下（兒童）扎根的妙方。

到了二〇一八年的「經典教學示範與研討」，可說是讓佛教界的弘法者進行了一場豐盛的教學饗宴，擺脫過去傳統講說的授課模式，改以互動、思考、團隊、繪畫、遊戲等多元的教學方式，讓學佛者轉被動為主動式的學習，將佛法立體化、生動化且深刻化，學佛可以快樂而不枯燥，可以貼近生活而獲得內在的轉變與淨化。

二〇一九年研討會將主題放在「禪與科學」的議題上，希望從科學的視角，提供指導「禪修」者更豐富的教學佐證，有效幫助現代人焦慮忙碌的生活得以獲得身心的安頓。二〇二〇年「佛教管理面面觀」則是交流各大教團的內部清規與管理辦法，包括財務管理、人事管理，乃至僧眾與信眾彼此間的分層負責，既能各自發揮所長，又能在推動佛教的發展上相得益彰。在研討會上，除了幾位方丈住持精采地傳授寺院管理，幾位在家居士的發言與分享，其所展現的內涵與風範，再次肯定佛教必須仰賴僧信之間的分工與合作，一旦偏廢一方，必定失去力量。

後疫情的弘法新趨勢

二〇一九年末，全球歷經了一場前所未有的浩劫，Covid-19帶給世界的衝擊，至今仍餘波盪漾。超過七億人口確診，死亡人數超過六百萬人且持續上升中，隨時聽見身邊的人被隔離，或被無情的病毒奪走生命；店家一個個關閉，傳統庶民經濟走向蕭條的局面，觀光旅遊不得不按下暫停鍵，人與人的溝通方法加速變化，人人被迫戴上口罩，寺廟教堂唯恐聚集人群而被迫關門或施加各種限制，孤獨與惶恐不安，充斥在社會的各角落。此時的佛教該扮演什麼樣的角色？做為弘法者的我們，又該如何安頓人心？而「中華人間佛教聯合總會」應如何持續交流？研討會又該如何舉行？

任何一個困難都在考驗著當代的弘法者如何向前的動力，聯合總會在人心最慌亂之際，全面展開寺院的精進修持，以法會或以不間斷的誦經持咒功德，以數千萬計的經咒迴向眾生；為了讓寺院跟緊腳步，避免在這場疫情中落單，總會更通過理監事的同意，決定贈送電腦與攝像頭、麥克風等線上會議之配備，讓「寺院e化升級」無所障礙，也讓會員從「線下」到「線上」，沒有阻隔地彼此問候與交流。

更難得的是，聯合總會首度與「中國佛教協會」進行一場跨兩岸的線上相會，共同主辦了「二〇二一年人間佛教發展研討會」，不僅沒有減少大家報名的熱情，更擴大了來自世界各國的參與。而發表者毫無藏私地分享著各家寺院在疫情期間的「新弘法模式」，無論線上或線下，依舊「停課不停學」地讓信眾精進修持，藉由網路的傳播工具，讓隔離者、臨終者乃至煩惱不安的人們，有了佛教信仰的依靠。

而線上的法會或佛學講座，更顛覆了過去傳統式的弘法，原本三、五百人的有限人數，瞬間可高達三、五萬人聆聽學習，全球可以同步會議，可以舉辦線上佛學會考，可以讀書會，也可以佛誕節線上浴佛。新時代的佛教弘法者，不僅要認識疫情下的新生活方式，更要接受日新月異的科技，學會善用工具，使佛教傳播具有更大的影響力，帶給信眾更大的方便性，讓學佛聽法者不再受空間阻隔，使弘法者與時俱進且無遠弗屆地廣濟人群。

研討會的規畫中，主辦單位還特別安排一場主題論壇：「知己知彼—了解e世代的思考模式」，透過主講人的剖析，讓大家更理解年輕人的思考模式，進一步懂得如何善用青年的行動力與創造力，為社會注入新時代的佛法元素。

直至二〇二二年因疫情嚴竣，為安頓民眾身心，中華人間佛教聯合總會以「佛教的健康之道」將主題定調於身心健康的大議題上。從正確的飲食之道、如何提升免疫力、藉由正念呼吸的引導放鬆以釋放壓力，到養成良好睡眠習慣以獲致身心平衡。同時考量高齡化社會的需要，指導如何逆轉腦退化，使經絡氣行而帶動身體健康的自癒能力等。

身為弘法者不能不關心社會的脈動，也因此每一場研討會都伴隨著社會變化的各種需要做出思考與規畫。到了二〇二三年，因佛教界普遍習慣了線上與實體的運用，研討會直接將議題鎖定為：「佛教徒在哪裡？」深入探討宗教傳承所面臨的隱憂。這次採取跨宗教的向度，分別邀請基督宗教、民間信仰、一貫道與摩門教暢談他們如何讓青年走入宗教、如何展開宗教信仰的傳承，並透過佛教家庭的經驗分享，探討如何從影響一個人到影響一家人，而寺院更應該扮演「普門大開」的角色，伸出溫暖的手，接引正在徬徨孤獨的青少年。

離不開科技的快速更替，二〇二四年中華人間佛教聯合總會更直接展演了一場人工智慧的應用，展示如何運用ＡＩ為佛教寺院設計各種精采的活動計畫。更以省時、有效率的方法，運用各種方便操作的軟體，為授課法師完成各種簡報的製作，帶給法師全新的弘法面貌。無論運用在禪修的科學應證，或者設計佛學夏令營的各種海報、活動課程，這一系列的規畫操作，一改過去佛教傳統保守的舊有形象，帶動佛教界以正向、積極的態度迎接科技的變局。

佛教的未來

這是一個在科技上高速發展、海量資訊襲面而來，且時時充滿著不確定的年代，也號稱是「最孤獨的時代」，任何一個傳統的產業都想盡辦法學習再學習，以不被飛速的變化所淘汰。任何文化藝術、經史典籍，也絕不希望走入歷史的洪流而遭到滅頂。這時代的弘法者，若要正法永續，唯有透過彼此相互提攜、經驗交流，不斷學習新知，善加運用各類人才之所長，敏銳地覺照社會的需要，當然還包括教界內、兩岸間持續友好往來所建立的友誼，使「六和敬」發揮於當代，讓台灣佛教重塑新的面貌：是一個團結、友好，互敬、共享的佛教，也唯有此，方不辜負佛陀之恩，更不辜負無數三寶弟子對佛教的期望。

「人間佛教佛陀本懷」是什麼？

星雲大師說：「就是希望重整如來一代時教，重新審視佛陀最初說法的本懷，希望透過人間佛教的倡導，能夠真正把握佛陀的根本教法與化世的精神，藉此把各種異說、分歧與不同，統統整合起來，讓佛教重新走入人間。唯有如此，才能把佛陀當初的開示教化，徹底落實在生活裡，讓普羅大眾都能藉由對佛法的理解與實踐，增加人間的幸福與美滿，這才是佛陀『降世說法』的本懷。」

行筆至此，猶如洪鐘在耳邊響起，若要正法久住，身為佛陀弟子的我們，又怎能不承擔如來家業？佛教興隆又豈是口號而已！期盼「中華人間佛教聯合總會」今日的努力，能為台灣的佛教帶來共識、共願、共好與共行。

第十七章　佛教化現代的挑戰與機遇

人類在歷經第四次工業革命所面臨的各種挑戰，已經是不可逆轉的事實。當我們說「現代」，這個所謂「現代」的概念，仍以持續動態的發展，不斷飛速變遷，社會整體必須做出各種必要性的因應與轉型。同樣地，佛教在歷史的推演下，也必須接受現代進程中的檢驗與試煉。

佛教現代化與化現代

身為一個佛教的弘法者，是否要將自己的宗教「現代化」，長久以來，一直備受爭議，其爭論的原因，反對者不外乎對「現代化」的佛教，是否會為了滿足廣大民眾而投其所好、淪為「世俗化」的佛教而產生疑慮。現代化的佛教，會不會為了遷就人心的貪婪，使佛教變得譁眾取寵，而失去最初佛法的真義？

有一些支持者認為：佛教要能「現代化」才足以因應眾生的需要，佛陀正因為不忍眾生苦，其所強調的「利他」思想，不應該脫離現實煩惱而談解脫，也不應該拘泥舊有形式而忽略新社會的需求與發展。

筆者則認為，佛教的弘法者在與現代社會的接觸關聯中，必須妥善處理好兩個重要的議題：第一，佛法是否會隨著環境變遷，使人們對其內涵產生懷疑？如果沒有，佛陀的思想，能否被現代人正確解讀，它的教義是否被傳達者精準把握與靈活運用？其次，在不失去佛陀教法的原意下，以不帶偏見的態度，客觀、理性地去認識、接受現代化社會的發展。也就是說，既要兼顧以「般若」為體，又不能沒有「方便」為用；以大眾聽得懂的語言，運用現代傳播的各種途徑，提供學佛者各種方便的弘法模式，以傳達佛陀的思想，其所傳達的內容，還要不離佛法地切合當代社會的問題與弊病，提出有效的解決之道，皆成為當代弘法者的修行課題。

也就是說，佛教的樣貌不一定得變成「很現代」，卻必須考慮如何「化入」現代人的內心。菩薩為「饒益有情」故，悲憫眾生而「應病予藥」，但若離群而強說佛法，必然難以深入人心，「不知眾生病，如何給藥」？即便知眾生病，不能為眾生所親近，其藥又從何給起？佛法必須切實與現代人的生活結合，才能真正發揮實質上的作用與影響。眾生在全球化的衝擊下，普遍人心浮躁與不安，若要聞聲救苦，佛教就必須以各種善巧「方便」將「般若」「化」入現代生活，轉煩惱為菩提。

站在「修行」的立場，也只有經過「入世」的淬鍊，直到「外不為名利所惑，內不為煩惱所擾」，方為真「出世」的修行。而這也是太虛大師、星雲大師等當代高僧，他們入世而出世地實踐著佛法，為佛教興隆，終其一生推動著「人間佛教」的理念，之所以受人敬仰與推崇之所在。

挑戰與機遇

——全球化使疆界無遠弗屆，有利於佛教傳播

這是一個全球化的時代，全球化使各種流動愈來愈難以控制與規範，無論是人才的流動、經貿的往來，造成競合間不斷重組。此外，環境汙染、地球暖化、國際難民等問題，都發生了彼此緊密相連的關係，無論好與不好，其所要面對的結果，不再是單一國家的承受，而是全球得共同承擔。

宗教方面，全球化使人們受到更多外在的誘因，信仰亦漸漸薄弱，或因太多選擇而變得無從選擇。全球化之後的人我關係，競爭也比過去更為加劇，普遍人心充斥著敵對與不安。

從佛教觀點看現代的大環境，萬事萬物需仰仗各種因緣條件，「法界緣起」、「依因待緣」的理論，可對治現代人「不修因地，只求結果」的弊病。尤其太過自私而造成人我衝突的問題，星雲大師提出「同體共生」的理念，鼓勵社會大眾理解自己是整體的一部分，社會的進步與沉淪，與自己要做出的努力，乃息息相

關的依待關係。「自他一體」的概念逐漸被彰顯，強烈的個人主義就需要再進一步反省，人需要與他人建立良好因緣，因緣的牽動使個人必須走向大我。

此外，流動的人力，流動的資訊，正也在各式各樣的往來中，將佛法流動出去。佛教的傳播，可透過網際網路的方便性，超越了既定疆界的概念，而達到「無遠弗屆」。回顧四十年前，星雲大師克服當時社會對佛教的各種障礙後，運用電視弘法傳播，提出「家庭即道場，客廳即教室」，而今，透過數位化的教學與傳播，可以讓佛法的傳播成為「在在處處皆道場」。

也許有人擔心，如此一來，寺廟是否面臨不復存在的必要？未來實體道場的功能不僅僅是提供法會修持、講授學習佛法之處，而是一個可以讓人心「安靜、安全、安頓」之處，是一個可以被傾聽、被接納的場域，也是一個可以讓人沉澱，繼而自覺生命意義，落實「解行並重」之所在。

全球化之後的多元價值選擇往往令人無所適從，海量資訊也正帶來現實中更為複雜的社會關係，但是外在世界環境愈繁雜，愈需要簡單規律的生活，回歸簡樸寧靜的道路，也是未來人們契機佛法的開始。

——人工智能科技可取代人力，卻無法取代人心

第四次工業革命指的正是「人工智能」（Artificial Intelligence, AI）所帶來的衝擊。人工智能，亦稱為機器智慧。當人工智慧展開了機器人與人類並存的時代，人們開始害怕「AI」，擔心「AI」是否對社會造成威脅，個人資料是否被洩露而失去隱私，「AI」會不會搶飯碗，或甚至人類會被「AI」所取代？

其實人類在開發人工智能時，不要忘記它是為服務人類而存在。用在佛教的發展上，可以縮短過去千山萬水尋訪善知識的距離，可以解決語言上的隔閡，可以幫助學習經典的便利，可以很快連結溝通外面的世界，可以讓人們體會虛擬幻化的世界，了解來去有無終究一場空，人工智能可以讓人很快了解因緣假合。

但是，人類可以複製「人腦」，卻無法取代「人心」。人類在面對人工智慧的同時，應該重新找回「人之所以為人」的存在價值，人心有情感、有溫暖，透過修行使人心更純淨地認識自己生命的究竟，這些都不是人工智慧所可以取代。尤其在一切學理上可以因為人工智慧快速獲得答案，但是在生活上，有待身體力行的驗證才足以體會其真理。

「佛說一切法，為治一切心，若無一切心，何用一切法。」千經萬論從「心」起，中國著名學者梁啟超說：「佛教之最大綱領曰悲智雙修，自初發心以迄成佛，恆以轉迷成悟為一大事業。」人工智慧開始後，正視「人心」才要開始，「人心」有沉淪、有昇華，人心可以向善、可以向惡，人心是人工智慧的主人，也是決定未來世界好壞善惡之根源，若要將人工智能發展得有利於人，還是得從淨化人心開始。也因此，佛教雖不能無知於科學大躍進的突破與改變，但科學也必須謙卑於佛法之妙理，無論是四聖諦、八正道、十二因緣，每一個極為傳統的佛教思想，在現代人的眼裡，更突顯出其內在意涵對當代社會的重要性。

——西方主流文明的衝突困境，佛教智慧新契機

西方主流文明是從西歐啟蒙運動開始，當時在擺脫了宗教的桎梏後，人權主義抬頭，雖然這人權是神所賦予的權力。因為是神賦予的，不應當被人所剝奪，依此發展「自由」與「平等」的思想，也從自由思想的基礎上發展了「科學」與「民主」（賽先生與德先生）的普世價值。直到歷經幾次的工業革命後，知識與

科技的大躍進帶來了無限的商機，巨大的財富累積而來的是巨大的權力，繼而左右了政治的決策方向。

知識、經濟與政治三者之間原本的理想關係是：知識監督政治，政治妥善分配經濟，使社會均富、人民幸福，但如今包括受西方文明所影響的國家社會，因為商業的壟斷、權力的傾斜，使社會失去平衡，原本的中產階級主流漸漸消失，轉變為富裕與貧窮兩個極端，形成了M型社會。再者，對於自由意志的無限上綱，多少媒體假言論自由之名，進行政治或權力鬥爭的工具，造成媒體不再是監督社會的公器，而是淪為各種意識型態的外衣。最後導致閱聽者，也就是普遍的社會大眾，在缺乏客觀的認識真相，被政黨的惡鬥撕裂了人民彼此間的和諧，造成選民無從對國家做出有利的民主選舉，而這也正是目前社會出現的困境與悲哀。

反觀東方智慧的佛教思想，兩千多年前即提出「平等」的主張，在眾生皆有佛性的原則下，佛教成為人類歷史上第一個倡導「眾生平等」的主張者。正因為眾生皆有佛性，此佛性非上帝所授予，而是每個人本自具足的佛性，透過自覺的修持，乃至覺他的功行圓滿，以「受五戒」為始：不侵犯他人的生命（不殺生）、不侵犯他人財富（不偷盜）、不侵犯他人身體（不邪淫）、不侵犯他人名譽（不妄語），乃至不傷害自己健康（不飲酒／吸毒），而真正落實生命應獲得平等的尊重。以當今層出不窮的社會問題，「受五戒」絕對不是舊傳統，而是建構「新文明」的磐石，是維繫社會秩序的軌則，更是人心安定的來源。也只有建立在「不侵犯他人」的基礎下，才能建構一個安全且真正「自由」的社會秩序。

佛法的真義不會因時空的不同而有所變異，息滅「貪瞋痴」、勤修「戒定慧」的論述本來就具有跨時間、跨空間而足以驗證的真理。數千年來，人類往往為了貪婪而掠奪，因瞋恨而造成無數戰火，又因為愚痴，使人我衝突加劇，如此周而復始的「輪迴」，至今貪瞋痴依舊還是世界問題的根源。倘若我們能夠實踐「五戒十善」，真正身體力行，雖是佛教傳統的基本教理，卻也才是今日社會實現真正自由與和平的具體表現。

——神格化崇拜信仰日漸式微，理性思惟的興起

除了佛教，人類多半以「神」為宗教信仰之核心，原始社會時期認為「神」

是由於人對死亡恐懼而建立，一切人力所不能及的事與物，皆被神化。隨著社會結構和文化發展，神的概念逐漸由簡單轉為複雜，或一神論，或多神論，總之離不開對「神」的敬畏與崇拜。

佛教並非一神論亦非多神論，恰恰相反，佛教「解放」神權，回歸對「生權」的重視，每個人的命運皆由身口意所造，而非上帝的給予，佛經云：「種如是因，得如是果。」解釋了「器世間」或「有情世間」，皆仰賴各種因緣條件的組合。直到科學與人本主義抬頭，人類展開對自然界與社會進步研究的探討後，漸漸發現科學的發達更能印證佛法的合理性與真實性，再加上教育的普及，使各種知識必須經得起驗證。無論是「佛觀一缽水，八萬四千蟲」，或者佛經裡常提到的「三千大千世界」虛空、法界、國土眾生無量無邊等，今日透過科學、天文學等科學儀器，早已證明此說並非虛構，宇宙中充滿無量無數的銀河系、太陽系等。

誠如過去愛因斯坦曾說：

「沒有宗教的科學是跛子，沒有科學的宗教是瞎子。」

「任何宗教如果有可以和現代科學共依共存的，那就是佛教。」

到了二十世紀，英國知名天文物理學家霍金，更發表了說明宇宙生成的「大霹靂」理論：「……宇宙能夠存在以及我們能夠存在的原因，無須再請上帝出手，讓宇宙運行……」當這位科學家提出「宇宙並非上帝所創」，顛覆了西方世界過去對上帝的詮釋。

不可否認的，佛教徒在還沒有足夠了解佛法的要義前，也往往將佛陀神格化，認為透過祈求可以獲得並滿足心中的欲望。直到了解佛法後，才真正明白佛法之所以可信，是因為從佛陀時代至今，佛弟子以親身的修行體驗，證明著佛經的正確。這種透過學習、理解、實踐，與不斷的修正，以印證佛法的科學態度，將成為這個時代更能被知識份子所接受的宗教信仰。

佛教「化」現代應有的作為

如前所言，佛教雖沒有必要變得「很現代」，卻不能不主動走入現代人的生活，一者「不忍眾生苦」，再者「不忍聖教衰」。儘管科學文明與教育普及有利於佛教的發展，但是，佛教若沒有走入人群，講述語言太過艱澀難懂，或不能善解現代人的困惑與煩惱，或缺乏運用傳播工具給人因緣，或拘泥於傳統弘法模式，不肯順應現代人的需要，或閉門造車只管個人了生脫死，不管他人生死，或一味反對時代進步所帶來的新生活新思惟，如此下去的佛教，於信仰上也必然走上「迷信多於智信」、「消極多於積極」，最後造成現代人對佛法「誤解多於了解」，佛教信仰人口也會因此而遞減。

不容否認，佛教經過漫長的弘法歲月，或因弟子對佛陀的崇拜而產生過度神化的描述，或對教義有認知上的差異，或因政治文化因素，使佛教脫離人群，成為離人間愈來愈遠的宗教，自然不會對身處在其中的人們有具體的影響。也因此，無論是太虛大師所提出的「人生佛教」，或是星雲大師一生所推動的「人間佛教」，皆因洞察了佛教在發展中所遇到的危機，其所必須注入的契機與轉機。尤其星雲大師以「回歸佛陀本懷」為前提，既要承襲佛陀本有的思想，又不能不面對傳統與現代社會的隔閡而做出適當的轉型，其所展現的佛教面貌，必須兼具理性化、生活化、普及化，走入現實的人間，以實現佛陀為眾生示教利喜，令眾生開示悟入佛的知見。

回顧佛光山近六十年的發展，在星雲大師的帶領下，讓佛教從山林走向社會，以半個世紀的歲月創造了超過三百座道場、橫跨五大洲的佛教。接下來的佛教如何承先啟後，使正法永續，成為這個時代的僧信必須要面對的新課題。

——佛教需要共識開放

縱觀世界萬物互為緣起、互相關聯，佛教如何融入在人類所居處的大環境中，首先佛教界需「建立共識」，由於各教派彼此的分歧往往消弱了佛教的力量，沒有建立共識，必定缺乏凝聚與團結。呼籲教界內應摒除成見，以佛陀為尊。

二〇一五年八月份，台灣佛教界首度攜手成立「中華人間佛教聯合總會」，來自台灣三百餘個教團寺廟，推舉六位僧信代表擔任總會之聯合主席，以彰顯四眾弟子之同等重要，教界彼此各有所長，應該互補長短，中青代的佛教領導，不僅要承先啟後，還要繼往開來，知道佛教教育的重要。大家以佛陀為共尊，以佛教必須走出團結合作的方向為共識。這些年來，除了固定舉辦「人間佛教發展研討會」，更促進兩岸佛教的觀摩學習，同時推動南北傳佛教之友好。

此外，「開放」是打開佛教接引廣大群眾的最重要基礎。中國近代佛教史上，太虛大師是首開佛教歐美弘法之先河的領袖。星雲大師用其一生的歲月，之所以能夠讓佛教走向世界五大洲，也因為「開放」的胸襟。他鼓勵佛教要走出去，以不拘泥形式的弘法方式，舉凡可以接引大眾學佛的各種因緣，星雲大師總是積極地對國家、對社會、對民眾做出服務、做出貢獻，以出世的心，做入世的弘法工作。

數十年來，星雲大師積極促進宗教間的友好，在世界各國的寺院功能，亦兼具與當地各宗教間的交流融合，並促進宗教對話或音樂和平祝禱，使宗教間的衝突減少，於世界各國更帶動了宗教間的友誼。佛光山佛陀紀念館每年舉辦「世界傳統宗教聯誼」，每年十二月二十五日，訂定為「聖賢日」，無論道教、天主教或基督教，五萬人湧進佛陀紀念館團圓，竟然成為世界宗教盛事，還被譽為千神萬佛共聚一堂，最後締造了金氏世界紀錄，並引來無數學者專家，研究宗教融合大事，這些宗教因為多年來彼此交流友好，也因此超越了宗教間原有的陌生與隔閡。

無論是與各宗教間的友好，或對於體育、藝術、文化、教育等投入關懷，唯有「開放」心胸視野，佛教才能開創更大的格局。

——佛教需要培養弘法人才

「培養佛教人才」是佛教命脈得以延續的最重要課題，也是太虛大師一生對佛教重大貢獻之所在。太虛大師將現代學校教育制度引入傳統中國佛教。他創辦了武昌佛學院、閩南佛學院、漢藏佛學院等，並為其編訂佛學課程，培養無數對佛教有所領導與影響的人才。

星雲大師也正是因為六十年前從開辦佛學院開始，才有今日在五大洲的佛光山。數十年來，所培養的學生，有些在海內外寺院住持一方，有些則投入文化、教育、慈善各領域的弘法工作。佛教不能沒有人才，培養佛教人才的教育內容，除了必須兼顧佛教教理、佛門應用，更要重視生活清規與宗教情操。

佛光山以「僧伽教育」、「信眾教育」、「社會教育」做為佛教人才的培養範疇，其中僧伽教育又以「基礎教育」、「養成教育」與「深耕教育」做為培養弘法人才的三階段系統規畫。「基礎教育」多半成立於各寺院道場，以書院或海內外佛學院的形式進行課程實施，以佛法概論《佛光教科書》為授課的主要教材。透過「基礎教育」，一旦進入叢林學院，除了精進深入佛法要義與經典研究，最重要的就是加強生活教育、佛門儀軌與宗教情操等養成。

叢林學院依照學生的專長與天賦，進行三大類別分班制，除了「經論教理班」培養教育或佛學研究人才，「寺院行政班」培養寺院管理人才，另有「英文佛學班」以栽培國際外語人才。佛學院還規畫「三加一」制度，也就是三年佛學院加上一年實習課程，這一年讓學生參與弘法行列，在做事與做人中一面鍛鍊心力，一面培養做事能力，直到真正分派至各單位時，不致為了缺乏經驗而產生太大的挫折與生疏感。

有感出家乃盡形壽奉獻眾生的志業，僧伽教育的時間不僅是終身學習，僧伽教育的內容，更要上求佛道以達「契理」，下化眾生以落實「契機」。也因此佛光山的僧伽教育並非只有四年結束，而是終身佛學院的學習。也就是說，叢林學院是僧伽教育的搖籃，分發出去的每個寺院或弘法事業單位，也都是佛學院延伸的教學場域，畢業後的僧伽教育稱之為「深耕教育」階段。

「深耕教育」含括四大類別，依照每一位法師的學習領域與弘法方向，分為「學術／教育師資人才」，「主管／儲備主管人才」，「佛門應用專業人才」，以及「短期進修人才」等。每一大類別皆擬定其相關課程。其中學術／教育師資人才，先依其能力，再分為學術委員、研究員以及研究生三等……其內容無非以「人間佛教」思想沿革與發展與大乘佛教義理研究為其核心。

其次，「主管及儲備主管人才」進修，則著重在教界現況、國際情勢、組織管理、危機處理、溝通領導與常住政策、宗門思想等面向。「佛門應用專業人才」則以多元開設課程方式，或知客服務、布教講學、典座宴客、寺院法務，財務法令，或寺院建築、外語弘法、社教發展等，每個人既可選擇其所需要的項目廣修學分，亦可另外申請「短期進修」進行一個月乃至一年不等之進修規畫。

佛光山開山祖師星雲大師對於佛門教育的涵蓋面向可說是無所不在，除了前面提及的僧伽教育，對於信眾教育的落實也是非常重視，大師提出「寺院學校化」的理念，使寺廟的功能如同一所學校，對於信仰佛教者要提供信眾教育，或參加書院班、讀書會，或不定期做佛學會考，甚至任何一位義工，也要依其服務內容進行教育培訓。除了在佛法的理解後開發大乘菩薩的願力，還要在實踐菩薩道的方法上學習各種能力。較特殊的另類教育還包括巴西聖保羅的「如來之子」計畫、菲律賓的藝術人才培養教育，這些不同國家的人民雖出生在天主教的信仰國度，但透過對佛教的了解，以「五戒十善」為共同遵守之規約，或以足球隊培養團隊合作的精神，或以音樂劇傳唱佛陀的一生，在長期培養的歷程中，有些已成為不同面向的海外弘法之生力軍。

——佛教需要數位傳播網羅各類人才

除了培養佛教寺院弘法人才，佛教更要重視全球化的趨勢，洞察國際間衝突的原因，體察各國需要，重視各類人才。無論學術、科技、教育、體育、藝術、文化，乃至翻譯、傳播等，凡有利於淨化人心且促進佛教發展的各類人才，都要予以重視，並善於發揮其所長。

尤其面對當前快速變化的社會，佛教要能被大眾所理解與接受，就需要擴大民眾學佛的機會。過去的佛教傳播從口口相傳，到文字印刷，一般總是在比較保守的觀念與大環境下，僅止於寺院殿堂內說法。直到星雲大師不僅走出寺院環島布教，改變了拘泥於一處的弘法概念，又於一九五七年在宜蘭走進民本電台播出《佛教之聲》，一九七九年起於中華電視公司播出《甘露》、《星雲法語》，後於中國電視公司開播《信心門》、《星雲說》，於美國北美衛視台、台灣電視公司播出《星雲禪話》等節目，佛教才開啟了電台、電視弘法之先河。一九九七年星雲大師更進一步成立「佛光衛視電視台」（後更名為「人間衛視」），主要就是為了符合現代人的生活習慣。

隨著傳播工具的演進，人類所獲得的知識學習，已隨著電子化轉向今日的網際網路，在面對第四次工業革命的現實下，「速度」成為這個時代每個人必須接受的一大挑戰，觀眾收視電視已經不限於傳統的無線電視、有線電視、衛星電視等，而是轉由網路影音、手機影音等新的傳播途徑，今日的佛教在人手一機的生活中，弘法者不能不善用隨時可收看的網際網路傳播工具，藉由雲端科技開辦虛擬佛學院，使學佛人口增加，並使佛教的影響力延伸至無遠弗屆。

此外，推動「寺院本土化」的理念乃再度成為佛教化現代的重要課題。星雲大師曾在二〇〇一年南非所舉行的「國際佛光會」世界大會的主題演說〈人間與生活〉中提到「寺院本土化」，認為：「佛教不是用來做為一個國家侵略他國文化的工具，而是要同體共生、共同發展、共存共榮，所以佛光會奉行人間佛教，只要在人間，都要發展具有當地特色的本土化佛教。」星雲大師提出的這個理念，也是當今佛教走向世界融入當地的最好姿態。當佛教依各地文化思想、民俗風情而發展出屬於各自的特色，也才得以將佛法深耕於當地。但是，本土化過程就首先需要培養好的翻譯家，語言乃是推動佛法走向世界的首要因素，佛光山之所以弘化五大洲，乃星雲大師重視各國人才，親自網羅並培養這些具有多國語言能力的弟子。再加上大師所闡述的佛法內容生動活潑，透過弟子以不同國家語言精準翻譯，拉近佛教與不同國家民眾的關係，同時讓人受用，給人歡喜，使佛教人口在各國得以拓展。

同樣地，佛教要能化入現代，不僅需要明白現代人的生活方式，運用現代人熟悉的語言，理解現代人的困惑，並給予修持的環境，針對煩惱給予解惑分析，使佛法深植人心，如此也才能得獲更多人的喜愛，化現代的目的既是擴大佛教發展，更為佛教的延續增加力量。

將佛法化入生活，從生活中印證佛法

當人們還在思索著佛教面對全球化腳步該何去何從，我們不能不知道的事實：一個給人消極印象的佛教，自然無法贏得人們的尊敬；一個選擇遠離人群的佛教，這個佛教必定被人群所遺忘；一個只管念經卻與現實世界無所連結的佛教，也將漸漸被社會邊緣化。同樣地，佛教若不能以準確的語言，有效傳播其內涵，再好的佛法也無法讓人受益。若佛教不能將理念信仰透過修行融入到生活，使人生趨於幸福安樂、自在解脫，這樣的佛教也只是空殼外衣，學到的只是一堆名相而已。

無論太虛大師抑或星雲大師，他們終生皆以推動「人間佛教」為己志。為了使人明白佛法的要義，星雲大師努力以淺顯的語言闡示出佛法深奧的道理，這是他對眾生慈悲的展現，他的一生提倡「佛法生活化」，認為「離開生活談不上修行」，鼓勵將佛法化入生活，從生活中印證佛法。他掛念佛教的興衰而提出「佛教本土化」，數十年來派無數弟子在世界各地融入他鄉，培養了印度人、紐西蘭人、非洲人、美國人、義大利人、比利時人、巴西人等二十六個國家人士出家，以令佛教得以延續。星雲大師亦提倡「僧信平等化」，鼓勵在家出家、團結合作，培養在家居士檀講師，為佛教增加弘法的力量；他同時推動閱讀，鼓勵佛教徒「生活書香化」，在全球各地成立讀書會以培養終身學習，也唯有深入經藏，方得以智慧如海。

星雲大師對「人間佛教」的注解：「是擁抱生命的佛教，是解決生死的佛教，是落實生活的佛教。」此「人間佛教」是現代社會的需要，既可以增加人類的道德、改善社會的風氣，更能夠淨化自我的心靈、維繫社會的秩序。這也正是佛教化現代中，面對諸多挑戰時，提供給現代弘法者尋找解套的因應之道。

第十八章　當代佛教的傳承與繼起

一代高僧的殞落，其留下的思想與寶貴的智慧，需要弟子們一代又一代的傳承，其中包括對佛法體悟的修行，其所闡揚的教理與實踐，組織的制度管理與時代變遷的應變能力。新一代弟子們所承擔的還包括其法脈傳承的發展，在未來是否繼續得到四眾弟子的信任與支持，能否持續健全地走下去，成為每一個教團必須面對的現實與挑戰。

佛光山發展至今，僧眾有一千三百餘位，全球信眾數百萬人，在星雲大師圓寂後，弘法腳步沒有停歇，文化、教育、慈善、共修四大宗旨依舊正常運行，但是要面對龐大的佛教弘法事業，包括五所大學的發展、三百座道場的各種需要，或擴建或收編，以及僧眾年齡漸增，佛學院如何擴大招生？老病者如何照顧？在信眾組織上如何加強信仰傳承，以延緩教團老化問題？包括未來新出家弟子們其所依止的剃度師父，如何避免出現「各有各的主」而有所分歧等；乃至在面對全球動盪不安的大環境，貧富懸殊或其所帶來的各種治安問題，以及兩岸關係如何維繫和平？佛教又如何因應？在各種客觀環境的變化中，法脈的傳遞如何承上啟下，繼往開來？這一切在大師圓寂後，弟子們的責任與負擔更加沉重，僧團內部的各種會議與討論也比過去更加頻繁。

眼看著一代又一代的大師離我們而去，筆者希望重新審視一個教團的發展與延續到底需要哪些「基礎建設」？從而理解由星雲大師創建的佛光山，其所訂下「集體創作、制度領導、非佛不作、唯法所依」的方針有何重要性？藉由本文的研究與梳理，期待留給佛教未來的發展有一參考的價值與依據。

交棒，應視同危機處理？

台灣《商業周刊》第一五一九期出現一個醒目的大標題「交棒，應視同危機處理」，文章中提到：「創業維艱，守成不易」，許多企業在第一代掌門人交棒前五年時間裡，企業市值平均累計下跌六〇%，這份研究還發現，「全球多數第一代優秀創業家因為從無到有的巨大成功，帶來性格慣性，讓人終其一生傾向固著於領導者角色，除非具備獨特境界與格局，否則大都選擇做到不能做為止。」研究中顯示，「交棒」之所以困難，不完全因掌門人無法放手，也有因為接班人來不及培養，而面臨「無人接棒」的窘況。[1]

「中華人間佛教聯合總會」於二〇一五年成立之際，曾經向台灣佛教界的長老居士大德提出一份問卷，希望了解「當今佛教最大的問題是什麼」。統計結果顯示：僧眾與信眾的「老化」是佛教界最普遍的問題。過去護持佛教寺院的信眾因老化漸漸凋零，造成寺院人力與淨財的遞減，僧人也因老病而無法擔當寺院的工作，甚至導致關閉的危機。

其次最令寺院擔憂的是「接班人」的繼承問題，一旦僧信老化，缺乏教育，將使佛教走入「後繼無人」的斷層危機。再者，佛教界表示，面對時代的快速變遷，無論家庭結構或生活方式都有著極大的改變，致使佛教在弘法上產生「社會適應性」的問題。

總的來說：「僧信老化」、「找不到接班人」、「社會適應性問題」，看似不同方向，彼此卻息息相關。當一所寺院無法掌握時代的脈動而做出必要性的變革，必然面臨社會適應性的問題，大眾一旦缺乏走進寺院的動機，在沒有必要性連結的情況下，佛教漸漸與群眾疏離，也將漸漸與社會脫節，其所造成的結果，信仰人口必定遞減，老化問題、接班人問題等，自然有其因果循環之關係。

星雲大師第一次交棒[2]

筆者之所以稱「第一次交棒」，並非星雲大師曾二度交棒，乃意指二〇二三年星雲大師的圓寂，成為佛光山四眾弟子心中「永遠的交棒」。

一九八五年星雲大師正式退位，此乃自一九六七年佛光山開山以來，依佛光山章程制度第四章第二十二條之規定：「本寺住持即宗長，六年一任，連選得連任一次，特殊情形下，有三分之二以上同意者得連任兩次。」星雲大師履行了自己所擬定的制度與章程，將住持一職交給了出生於台灣的心平和尚，打破省籍的藩籬，在月基長老及悟一長老的見證下，完成「交棒」的歷史一刻。

交棒的那一年，星雲大師才正值五十八歲的壯世代，他向信眾表示：「佛光山是法制不是人制，我們要『依法不依人』。」當時有人問：「佛光山的住持必須具備什麼條件？」大師回答：「第一，要能心量大。第二，要有供養心。第三，要有責任感。第四，要有社會性，也就是喜歡與大眾在一起。第五，要有推動力。而這許多條件都是次要的，最重要的條件是，全山的男女徒眾要擁護他。」[3]而完成接棒的心平和尚被星雲大師譽為具備了以上所有條件。

星雲大師的交棒，成為當年台灣的大新聞，也給了佛教界極大的震撼。在當時民風保守封閉的環境下，看星雲大師跨出這一步，早已勾勒出佛教「必須傳承」的藍圖，並樹立「制度領導」的風範。他在交棒前寫下一首偈子：「佛光山人西方去，摩迦行者東土來，來來去去均如是，永做世間閒忙人。」儘管僧徒與信眾不捨，但是大師堅持：「法制重於人制，不是非我不可，退位不是退休，加強新舊交替。」以勉勵四眾弟子。他說：「世間上，沒有個人可以獨力完成的事，凡事都必須『集體創作』，眾緣所成；世間事也不是一期的生命就能把一切做好，必須靠代代相傳。有傳承的事業，才能長遠；沒有傳承的事業，總是曇花一現。能夠不斷地交棒，不斷地接力，才有無窮的希望。」自此，佛光山走上了「制度領導」的僧團。

而這樣的作風，同樣帶給弟子們效法的典範，如：曾經於海內外建寺的慈莊法師，在創辦台北普門寺完成後十天即提出交棒給年輕的法師，前往另一段建寺的開始。甚至一直到後來，如菲律賓這樣的天主教國家，由前住持永光法師完成馬尼拉萬年寺的建設後，為考慮當地外語能力的需要，調派一位年僅二十六歲的妙淨法師擔任新任住持，在缺乏道場經驗的情況下，其內心惶恐可想而知，當時一位出家戒臘逾三十且任職禪堂主任的永寧法師，立即自告奮勇擔任監寺以輔佐年輕的住持法師。

誠如星雲大師所言：誰上台誰下台，只要能讓佛教興隆，「成功不必在我」，推舉優秀人才、提拔新生代的風氣，成為佛光山僧團共同的目標，使人才輩出的「新枝」在「老幹」的扶持下，讓佛教的正法弘揚向前推進。

幾年後，事實證明，年輕的妙淨法師以他流利的外語能力闡釋佛法，不僅接引了第二代、第三代受英語教育的信徒子女，同時也接引了無數菲律賓的優秀人才，更受到教育部的肯定，協助完成菲律賓第一所由佛教團體所創辦的「光明大學」，並且舉辦跨宗教祈福會、推動三好校園品格教育等，受到國家政府的信任，讓佛教立足在天主教國家，發揮正向影響的力量，而此乃「集體創作」的展現。

總之，佛教需要正法永續，領導者需有恢弘的氣度、高瞻遠矚及寬闊的格局，且不間斷的教育，使交棒成為一代勝過一代，令佛教發展生生不息。而「接棒者」更需要無私無我的承擔力，並以精進學習的精神，與時俱進掌握社會脈動與創新。回首星雲大師自一九八五年交棒的開始，「制度領導」與「集體創作」已形塑了佛光山交棒與接棒的宗風，在佛光山全球三百座道場的任何一所寺院，始終一棒接一棒地傳遞著弘法的使命。信眾在不斷更替接棒者的過程中，培養「依法不依人」的知見，而寺院的每一位住持也都要隨時發現人才、培養人才、舉薦人才，不斷推出新一代的「接棒者」，但也因此，「僧才教育」成為佛光山重中之重的核心任務。

佛光山的宗長至今也已歷經星雲大師（一九六七—一九八五）、心平和尚（一九八五—一九九五圓寂）、心定和尚（一九九五—二〇〇五）、心培和尚（二〇〇五—二〇一三）、心保和尚（二〇一三迄今），若不是因為大師當年的「交棒」，又豈能擁有更寬闊的視野走向五大洲。他開創五所佛教大學，成立「國際佛光會」，開辦「人間衛視」、「人間福報」等佛教媒體，在卸下住持的行政職務後，他更有足夠的時間弘法講學、課徒寫作，每年環繞地球兩大圈，使後來的佛光山，從台灣到全球，正所謂「手把青秧插滿田，低頭便見水中天，身心清淨方為道，退步原來是向前」。也因星雲大師當年的「交棒」，使僧團每一位弟子都要學習「為佛教也，何惜生命」，隨時做「接棒」的準備。

僧才教育的重要性

如前所言，「僧才教育」乃佛光山重中之重的核心任務，佛光山的僧伽教育從「佛學院」的基礎教育開始，除了注重經論的研究，透過作務出坡，更重視生活、威儀、僧格的養成。學生畢業後派至各單位成為職事，延續著從理論到實務的另一個階段「寺院運作」，凡派到各單位後，皆有住持主管的帶領，從典座、行堂、法務、香燈、總務、社教、財務等，在寺院內做組別的輪調學習，法師必須兼任信眾佛學班的課程師資，在邊做邊學的過程中，有機會開發每個人的潛能，也在邊做邊學習的過程中，各類人才自然脫穎而出。

負責人事部門的「傳燈會」下設有「傳燈學院」，如大學裡的在職進修，開辦各種課程以提供職事或主管的再學習。也就是說：佛學院畢業後由「傳燈學院」繼續接任僧伽的教育工作。該學院最早由星雲大師所成立，其目的：「專為入室弟子指導道業、學業、事業的進修，也為我等師徒之間做接心論道的橋梁，願所有徒眾，不論學習能力多少，進度成績如何，皆當用心詳研教材，專心撰寫作業心得，老實學習，真誠受教，以期僧格之健全，佛道之完成！」[4]

誠如大師所言：「僧伽教育最注重的：第一、思想教育，要堅定信仰。第二、生活教育，生活要規律。出家人要有『為了佛教』的使命感、責任感。」[5] 儘管海內外僧眾皆可依自己的意向或需要向「傳燈學院」報名參加，依弘法需求，挑選各類專業課程，如：寺院管理、財務講習、寺院建築、佛光會務輔導、讀書會實務帶領與佛教各類教材靈活運用、布教講學人才培訓、典座、知客、法務儀軌、文化編輯等，徒眾可依自己的需求「選修」相關內容，唯獨「宗門思想」、「人間佛教理論與實踐」等課程，則列為每一位職事「必修」課程。

正所謂「佛法弘揚本在僧」，出家人本著「不入世間，不離世間」的精神，隨時代的變遷，也要不斷進修，在「不忍眾生苦」的悲心下，理解當代人類所遇到的各種瓶頸與困惑。佛教僧才的教育，既要保有傳統的佛門精神，又要懂得善用創新的科技傳播，真正為佛教注入活水，培養僧眾成為「應病予藥」之良醫。

佛光山宗門清規

無論是星雲大師的退位，或是不斷交棒與接棒的僧團領導人更替，乃至在星雲大師圓寂後，足以讓全球三百座道場依舊循規蹈矩、弘法不輟，其最根本的關鍵，就在於「佛光山宗門清規」。

佛教東傳至中國後，由於天候環境、民情文化不同而有所改變。至唐朝中期，禪僧為了解決居於巖穴與寄居律寺對「修禪」的諸多不便，進行了開創性的改革，制定適合中國僧侶生活的戒律清規。所謂「馬祖創叢林，百丈立清規」，歷代祖師大德恪遵佛制，以「一日不作，一日不食」為風範，帶動僧團組織的分工與合作，並有四大堂口、叢林四十八單職事各司其職，以維繫僧團之綱常紀律。也可以說，漢傳佛教之所以流傳千年而不衰，要使成千上萬的佛教寺院、精舍、居士林等組織不成為散沙，其所仰賴無非就是「清規戒律」。[6]

星雲大師之所以擘畫「佛光山清規」，乃洞察社會變化與佛教面臨的各種挑戰，了解叢林清規乃佛教為適應社會和時代發展而所做出的因時制宜、因地制宜的規範。其依據則離不開佛陀所創建「六和敬」為僧團運行之準則。雖然面對社會變遷必須與時俱進有所變革，組織內部需要不斷自我革新與發展，但其核心終究「以戒為師」。依綱常紀律落實法制平等，以達「戒和同遵」之目標；以三法印、四聖諦、八正道為大眾修持之根本；透過讀書會、閱讀研討、講習等方式以建立「見和同解」鞏固教團的思想共識；在外弘法一切供養皆需歸公常住，使僧團大眾皆「利和同均」而共享。在居住上也必須重視團隊精神，若非得到許可，不宜離眾而獨住，生活以不妨礙他人，遵循「身和同住」為原則；在語言上以愛語增進彼此道業，「口和無諍」以減少僧團人事紛爭；並在佛法與修持上精進，以期達到「意和同悅」之法喜。

二〇〇四年四月，大師指示編印《佛光山徒眾手冊》，歷時二十一個月，完成五十五項法案三讀程序並結集出版《佛光山徒眾手冊》（後更名《佛光山清規》）。也就是說：從一九八五年《佛光山宗委會組織章程》通過施行，已陸續制定頒布規約、辦法，共分：組織章程、門規、修持、行政、人事、福利、文化、教育、法務、職員十大類。內容廣泛，從佛光山的組織門規，到佛光緣的成立準則；從徒眾的出家入道，到佛光親屬的安養接待；從寺務的行政運作，到僧眾的文化教育，合計九百四十五條條文（二〇二四年增修後，增至一千零九條），統稱為《佛光山徒眾清規》。[7] 大師認為：「為僧眾制定生活、修行、行事、制度等儀規，使大眾共同遵守，身心有所軌範，行事能有依循，僧團才得以和諧，正法才能久住，此即是『戒住則僧住，僧住則法住』。」

總之，出家人「以道為友，以法為伴」，宗門清規不是限制自由，而是善護道業；典章制度不只是法規條文的制定，更是宗風理念的實踐。

僧眾序級考核與升級制度

雖說佛性平等，卻也因眾生習氣與身口意的造化，而業感六道之不同；儘管發心出家求證菩提，卻也因個人修持的精進與否而有所差異，菩薩有五十二階位的修證，出家亦有凡夫僧與聲聞僧、菩薩僧之品位。同樣地，在佛光山四眾弟子雖人人平等，但依每個人自我精進的程度，分別以「學業」、「事業」、「道業」做為自我評量的依據。僧眾自行填寫評量表，反思個人在「道業」上，行止是否威儀？五堂功課是否正常？處眾是否和諧？在「學業」是否養成閱讀習慣？是否下工夫做經論研究？有沒有著作論文發表？各項講習是否精進學習？是否關心世界的脈動、不斷開拓自我格局與視野？在「事業」上是否發心承擔、勤勞作務、認真負責？是否能配合職務內容，積極充實自我能力？這份評量表會轉至主管覆核，再轉至傳燈會做為序級評鑑的依據。

過去叢林有四十八單職務，依其道德、學問、階位之不同，以及其所委任的工作職務，分出「序職」與「列職」。根據《佛光山清規》的第三章第一節第十三條規定：凡出家比丘、比丘尼之序級，一切以僧序訂定，分別訂為「開士三級、修士三級、學士六級、清淨士六級」。後因考慮出家年資與戒臘隨著時間增長，而調整為「開士三級、修士五級、學士九級、清淨士六級」。倘若從出家開始計算，清淨士每一年升一級，學士二至三年，修士三至六年，開士五至十年升一級。

但事實上並非每個人都可以升至「修士級」甚至「開士級」，傳燈會將序級評核送至宗委會審查時，還會針對其個人處眾和諧、擔當常住重任，或對佛教有卓著貢獻，或在修道德行上受人敬重等，做一整體評估與考量。或超過半年未領職者，雖達序級調升之年資，不予晉升序級（第九條）。若有未經常住同意擅自離山者，原序級階位歸零，獲常住核准重返山門者，年資重新計算（第十一條）。有些年資屆滿不合升階標準者，另設「安士」，如：「清安士」、「學安士」、「修安士」（第六至八條）。

序級評鑑與升級制度雖不一定完美，但是，「可以避免傳統佛教的弊病。例如有一些出家人，學業、道業、事業並無可觀之處，一旦剃了頭就做人的老師，甚至私收徒眾、傳授戒法；或者自以為神通，號稱大師，在佛光山不會發生這種情形。我們鼓勵徒眾進修，不但希望他們都有好的學歷，也希望他們對經論、講學、著作都能確實深入而有心得。我們也鼓勵徒眾在事業上有成就，社會經歷的鍛鍊與成就，也是序列升等的重要條件。我們更重視道業，『早晚殿堂，精進不懈；早齋必到，生活規律；威儀莊重，合乎戒規』，這是最基本的。對常住、佛教、弘道事業是否有貢獻，在人品、道德、修持上是否有突破，都是考慮的標準。」星雲大師如是說。[8] 無論是《佛光山清規》，或是「僧眾序級考核辦法」，對於出家修道而言，這不正是「非佛不作，唯法所依」之具體表現嗎？

《荀子．勸學篇》曾提到：「蓬在麻中，不扶自直。」生活在一個循規蹈矩的大環境裡，人格涵養自然不會走偏。過去古德也常說：「寧在大廟睡覺，不在小廟辦道。」意指「自修者」缺少境界的考驗，難免貢高我慢而不自覺，「共修者」則堪受各種淬鍊，自知慚愧與不足，在修道上接受大眾的督促，調伏好逸惡勞的習性，再加上諸多善知識的指導，道業必定增上。

「宗務委員」選舉制度

在佛光山位於菩提路的盡頭，雲居樓旁，寫著偌大的字「選佛場」，它意謂著大眾進入此門，依佛法精進修持，可以成就佛道。「選佛場」源自於丹霞禪師「選官不如選佛」的典故。此乃星雲大師勉勵弟子「當勤精進，如救頭然」，人人要向成佛之道邁進。

大師創建佛光山，不僅保有傳統佛教的禮儀清規，更因應時代需要，把制度化的管理系統融入教團中。隨著時代發展，任何寺院都會有層出不窮的人和事需要面對，包括綱常紀律、寺務運作、典章制度、財務管理、人事行政等，一旦遇到問題，就必須大家開誠布公地討論並找到解決方法。只是，千餘位僧眾如何討論？若要面對重大案子的決議，千頭萬緒皆有其不同面向的考量，絕非一人足以判斷決定，於是有了「宗務委員會」及「選舉」宗務委員的制度。

回顧一九五三年，大師為宜蘭雷音寺內部各項弘教法務開規立法，一九六七年為五堂二會的宗務堂揭章建制，一九七二年更制定「佛光山宗務委員會組織章程」，為逐漸更新改制的各級院會組織乃至目前現代化、國際化的發展現況，釐定分層負責的行政系統，和法理兼顧的典章規程。同時，在文獻的資料中發現：星雲大師早在一九六八年《覺世》四一六期就出現「佛光山組織宗務委員會」的字樣，並說明：「今後佛光山將設有『宗務委員會』，宗務委員由宗長領導……均以發展文化、教育、慈善等事業為主。」可見在大師的心中，早已為「集體領導」的「宗務委員會」規畫藍圖。

至於佛光山到底從什麼時候開始有了「選舉制度」呢？在星雲大師的開示錄裡有這麼一段記載：「從我開始創建時，就想採用民主選舉的制度，不過那時候人很少，要選舉也沒有人。因為我是開山，六年一任住持，我就做了三任十八年。」[9] 也就是大師從開山建寺的開始，就有了這樣的想法，一直到一九八五年大師退位，心平和尚受大師所指派，直到一九九〇年佛光山才有了第一次的選舉。

根據《星雲大師年譜》記載：「一九九〇年二月二十六日，『佛光山宗務委員會』召開首屆會員大會，依典章制度選出第二屆宗務委員，建立『集體領導』的典範。」佛教「選舉制度」於焉而生。大師在當時留下了這麼一段話：「依《佛光山宗務委員組織章程》規定，宗務委員是本山最高權力機構，由僧眾會員產生之，於每年召開一次，但因開山以來，制度總未健全，一再拖延，今年終於要落實這個章程規定，對佛光山『開山史』而言，深具意義！」

當年星雲大師率先辭去自己宗務委員之職，並表示：除了「師父」這個頭銜，[10]其他的名分，一概不要。當時星雲大師宣布：「佛光山未來一切走向，均以『宗務委員會』為主。」也就是由「會員大會」選舉出「宗務委員」九至十三人，候補宗委三至五人。

大師對於「宗務委員」是有所期待的，一九九七年五月九日開示時提到：「宗委要有原則立場、見解看法，要有前瞻理念、國際宏觀，要有道德操守、憂患意識，要有時代知識，要能發揚宗風，能代表本山，能規畫決策。」到了二〇一二年，他更直接提出宗委的條件：「要能幹、要有意見、要敢講話、要有道德勇氣、要有是非觀念，自己做人要有條件水準，要能堪為他人模範。宗務委員要熱愛常住、要照顧全體大眾。」[11]

也因此，佛光山的選舉並非人人一票，而是每一位「選舉人」都要具備一定程度上對佛教發展的認識，而每一位「候選人」也都要有一定出家年資的歷練。根據《宗委選舉辦法》最新修正版本第三條規定：「學士三級以上徒眾為選舉人」，凡符合「序級學士六級以上者，年齡六十五歲以下之徒眾，得為宗委候選人，特殊情況不在此限」。為保障比丘名額，該辦法在第八條明定：「宗委與候補宗委當選名額，比丘不得少於三分之一。」至於尚未具有投票權的其他僧眾，在選舉當天則被安排至特定席區，做為觀禮員以列席觀摩，也可以做為一種見證與學習，在莊嚴的儀式流程中，讓年輕的法師或學生對「選賢與能」重視與了解。

自星雲大師傳法退位後，歷任宗長有心平和尚（第四任，一九九五年圓寂）、心定和尚（第五任、第六任），自此改每四年一任，心培和尚（第七任、第八任）、心保和尚（第九任、第十任），凡當選宗長也同時是佛光山住持。直至二〇二二年已屆滿十屆時，全球遇到前所未有的疫情風暴，佛光山海外徒眾無法回山選舉，只得延期。二〇二三年遇到大師圓寂，選舉延後。直至二〇二四年九月，海內外徒眾回山講習會，進行了首次沒有星雲大師在場的選舉大會。全山大眾乃依據《宗務委員選舉辦法》，以超過三分之一人數共九百五十九位選舉人投票選舉，其中有近五分之一為年輕的「首投族」，為宗委選舉帶來新氣象。候選人由宗委會、長老院及傳燈會共同推選，最終選出十一位新任宗委及五位候補宗委。由退居和尚暨泰華寺住持心定和尚公布名單後，再由十一位當選宗委進行宗長選舉，最終選出心保和尚為第十一屆宗委會宗長，也是佛光山第十一任住持。

直到現在，「宗務委員會議」仍然透過討論的過程，激發出許多不同層面的觀點和思惟，在相互良性的激盪下，研議出較周延的辦法規章，使佛光山的發展更趨完善。

住持與依止大和尚

「住持」乃寺院的管理者，不僅要綜理寺務，領眾薰修，讓僧眾安住身心，還要住持佛法僧三寶延續。其日常行事關係到整個僧團的組織是否正常運作，制度是否健全。

星雲大師在二〇二三年二月五日圓寂後，前後歷經半年，依循叢林古制，採現代民主決議，在所有宗務委員一致的決定下，推舉心保和尚為依止大和尚。之所以做出這樣的決定，乃因大師圓寂後，僧眾感到頓失所依，尤其未來新出家弟子將依止誰為剃度師及得戒和尚？若以四年選舉制，依所產生的宗長為依止，每四年一任，儘管連選得連任一次，八年很快也就過去，將來是否會面臨到另一個弊病：「各有各的主」？若佛光山出現不同任期的宗長，未來出家弟子也將依止不同任期的住持，是否會造成向心力的分歧？

幾經多次宗委會的討論及長老的指導，終於在二〇二三年八月八日的宗務委員會議上，佛光山長老院的諸位長老和九名宗務委員一致推舉現任佛光山宗長心保和尚為「依止大和尚」，是繼星雲大師之後，佛光山教團依止之剃度師及得戒和尚代表。佛光山退居和尚心定長老表示，此可謂：「龍天推出，名山得人，可喜可賀！」而國際佛光會榮譽總會長吳伯雄則讚揚：心保和尚慈悲謙和，穩重正直，學養深厚，具國際視野，必能稟承師志，光大「法水長流五大洲」的宏願。

未來新出家弟子將以心保和尚為剃度師，不會依宗長異動而有所更換，而心保和尚也將盡形壽以此終身榮譽身分代為發心出家者圓頂剃度及為入道者授證。在此同時，宗委會在全山的公告上表明：「未來在佛光山發心出家入道者，都將依止『星雲大師推動之人間佛教教法』，學習並且弘揚。」這是「依法」而行道。

此外，為穩定僧團發展，心保和尚雖值宗長任期屆滿，由於星雲大師圓寂之際，依章程《宗長選舉辦法》之「特殊情況」下得再連任，期使教團持續穩健發展。也因此，「佛光山宗務委員會第十屆第八次會員大會，八月三十日在佛光山如來殿大會堂召開，選出第十一屆十一位宗務委員，再由新任宗委推舉心保和尚為佛光山宗務委員會第十一屆宗長、佛光山第十一任住持。」心保和尚眾望所歸地再度連任佛光山宗長。當選後，心保和尚表示：期許全山大眾持續秉持「人間佛教」理念，即使沒有天時地利，只要「人和」，所有困難都能突破。遵循大師的集體創作，這是能夠繼續弘揚人間佛教的力量。

「正法永續」乃佛教僧信共許之期望，「法水長流」乃報答佛恩師恩之踐行。

佛光山開山祖師星雲大師以其高遠的智慧使教團走向「集體創作」，乃因獨木無法成舟航行；要走向「制度領導」，唯仰賴佛教的戒律清規；在弘法的航行中不能失去正確的方向就要「非佛不作」；面對困惑煩惱，就要知慚愧、知不足而不斷精進「唯法所依」。佛光山法脈傳承在佛教史上雖如滄海之一粟，祈願星雲大師所留給這時代的寶貴經驗與智慧，供教界所參考，使佛教僧才輩出，法脈傳承永續，此乃萬千佛子最大之心願。

注釋——

1. 尤子彥，〈中港台關鍵報告：交棒．應視同危機處理〉，《商業周刊》一五一九期，二〇一六年十二月二十二日。
2. 星雲大師，〈宣布退位〉，《星雲大師全集》第四類「講演集」一二四《隨堂開示錄2》，頁一五八。

3. 星雲大師，〈別君去兮何時還：退位不是退休〉，《普門雜誌》七四期（一九八五年十一月），收錄於《星雲大師全集》「講演集」一三八《隨堂開示錄15》，頁一五二。

4. 星雲大師，〈傳燈學院，度眾須有願力〉，《人間佛教書信選》（一），頁五八。

5. 星雲大師，〈僧伽教育的重要〉，《星雲大師全集》第五類「文叢」二二一《如是說9》，頁三五五，二〇一四年。

6. 參考陝西省社會科學院研究員李繼武的文章：〈《佛光山清規》的歷史價值與時代意義〉，《人間佛教》學報．藝文一第三十一期。

7. 星雲大師，〈《佛光山徒眾手冊》序〉，《星雲大師全集》第五類「文叢」二二八《人間佛教序文選2》，頁三四四。

8. 林清玄，〈薪傳〉，《星雲大師全集》第六類「傳記」二六六《浩瀚星雲2》，頁一四六。

9. 星雲大師，〈佛光山的民主選舉〉，《星雲大師全集》第四類「講演集」一二九《隨堂開示錄6》，頁一六六，二〇一二年九月四日，佛光山如來殿大會堂。

10. 星雲大師，《星雲大師全集》第六類「傳記」二五六《星雲大師年譜3》，頁七，《星雲日記》一九九〇年二月二十六日。

11. 星雲大師，〈佛光山的民主選舉〉，《星雲大師全集》第四類「講演集」一二九《隨堂開示錄6》，頁一六六，二〇一二年九月四日，佛光山如來殿大會堂。

結語——平等，是佛陀最偉大的主張

佛陀本懷：平等即是佛法的核心

《阿含經》云：「四種姓者，皆悉平等，無有勝如差別之異。」這是佛陀兩千五百年前就闡示的真理。「這世界沒有，『平等』，就不會有『和平』！」這是星雲大師對於追求和平最深刻的體會。一次大師在法堂寫完字後，嚴肅地要我留下：「我有話跟你談。」侍者推著輪椅，依師父的引導來到隔壁的小會議室，第一次感覺師父有什麼重大的事情交代，想不到他竟然是要告訴我，佛陀的本懷就是「平等」：

佛教，是一個平等的宗教；佛陀，是倡導生權平等的主張，要記住：「非平等，非佛說！」任何實踐佛陀的教法，不能落實平等，就不是佛陀的本懷。過去佛教有所謂「八敬法」也有其背景：當時佛陀與大迦葉諸大弟子正在談話，大愛道比丘尼走來向佛陀頂禮，佛陀知道還有男尊女卑觀念的大迦葉在旁，便指示大愛道也同時向大迦葉及諸大弟子頂禮……其實佛陀知道比丘尼在僧團裡要被大比丘們所接受是不容易的，可是這一舉動，就成了大迦葉在經典結集時，要求比丘尼向比丘頂禮等各種規範，但這並非佛陀的本意，因為佛陀所倡導的是「佛性平等，眾生平等」……

聆聽著師父上人如此嚴肅地講出這一席話時，自己彷彿穿梭於兩千五百多年前的時空，置身於佛陀與諸大弟子談話的場景，那位大愛道比丘尼如現身於前，剎見佛陀為之說法，說著千古不朽的「平等法」，至今依舊迴盪「非平等，非佛說」的真理。原來星雲大師對於實踐佛陀「平等」思想竟如此強烈；也許是從小就在開明家庭長大的我，對「男女平等」視為一種自然，當開始接觸更多不同的佛教團體，甚至認識到一些佛教的傳統文化，才深深體會到原來大師所說的「落實平等」，竟如此困難。

見證與體會：落實平等的困難

第一次跟佛教界一起出門就發現，拍照時比丘自然站第一排中間，比丘尼則自動往後站，接在比丘的後排，在家眾就更往後退，再加上一般女眾個子比較小，其所呈現的畫面可想而知……有了第一次的經驗後，中華人間佛教聯合總會凡要出門前都會宣導，拍照站立位置分為東西兩單，東單比丘與西單比丘尼，在家居士則接在比丘、比丘尼後，讓整體看到四眾弟子平衡的畫面。第一次調整之後，許多比丘尼反映此舉讓他們感覺倍受尊重，同時也對比丘的平等精神產生更深的禮敬之心。

還有一次跟著佛教界前往緬甸進行南北傳佛教的交流，比丘皆「席上」而坐，比丘尼則被安排「席地」而坐。眼看著幾位長老尼沒有一張椅子，坐在地上的我不安地去搬了椅子給長老尼，更在僧伽大學的交流會上，忍不住舉手請教坐在台上的校長比丘：「佛陀是人類史上第一位倡導生權平等的主張者，也是之所以令無數眾生所敬仰的偉大宗教家，只是兩千五百多年後的今天，佛教若只重視出家人而輕視在家眾，或只重視比丘而輕視比丘尼……不知道佛教最後還剩下什麼？這樣的佛教還會有什麼力量呢？」當時也怪自己修養不夠，佛教界一趟交流，既為法而去，又豈為一張座位而不安？沒想到這段交流後，卻讓該僧伽大學的教務長走下來向我致意：「您說的我完全能夠理解，但是很難，因為沒有人願意做那個『第一人』……」這句話使我一路思考，什麼是「第一人」？做「第一人」會怎樣？

大師的擔當：實踐眾生平等的第一人

回程路上我不斷想起過去星雲大師的處境，在佛教界裡，因為他願意提升佛教的女權，被傳統同道者揶揄為「女性工作隊的隊長」，原來這個所謂的「第一人」，會遭到批評、嘲諷、辱罵，甚至得付出各種犧牲的代價。偏偏星雲大師一生做了太多的「第一人」，在保守的年代寫歌詞讓青年唱歌、成立青年歌詠隊，第一位敢為佛教出版第一張佛教唱片；第一位將佛教梵唄音樂團帶入國家音樂廳，第一位創立佛教廣播與佛教日報（人間福報）及電視台（人間衛視），第一位將信徒組織起來成立佛教團體（佛光會），讓全球有了學習與彼此互助的網絡；建立第一座現代化佛教美術館，第一位舉辦佛教花車遊行慶祝佛誕節，第一位推行佛教民主選舉制度，第一位打破僧信傳統界線讓在家眾也能參與佛教弘法行列（檀講師制度）。星雲大師讓佛教走出寺院更走入人群，他將佛教從出世再走入世間，為了眾生的需要，太多的「第一」使他面對各種遭遇與困難、阻力與誤解、批評與屈辱，承受了非一般人所能承受的大擔當，忍受了非一般人所能忍受的「孤獨」。一趟的南北傳佛教交流之旅，讓我更深刻地體會到星雲大師「忍人所不能忍」的大修行。

回到台灣後，我忍不住掛著眼淚向師父上人頂禮，我知道今日比丘尼的地位是他的大忍辱與大擔當所成就，他為比丘尼護航，使比丘尼與比丘一樣可擔任各道場的住持及重要弘法職務；他讓比丘尼受高等教育，不惜花費送往各國留學，拿到博碩士後又提拔弟子們做大學教授，或從事文化、教育、慈善及弘法等重任；他為比丘尼發聲，鼓勵比丘尼為佛教發揮各自的才華，走上國際舞台宣揚佛法；他為比丘尼寫歷史，在編輯或翻譯佛教典籍、教科書乃至佛光大辭典皆留下名字，以告訴世人比丘尼在佛教史上的成就，也藉此提升比丘尼在佛教的影響力。

二〇一二年博鰲亞洲論壇就是一個活生生的實例，那年我在台北佛光會祕書處接到電話，對方說我被邀請出席博鰲亞洲論壇並做發表。說來真是慚愧，孤陋寡聞的自己根本不知道什麼是博鰲論壇，對方還說如果同意出席，就需要繳交報名費，我一聽很納悶：「既然是主辦單位邀請，為什麼還要繳交報名費？」回山後我向師父報告這件事，還打算直接回絕對方，想不到師父竟然桌子一拍：「博鰲邀請你，你當然要去，就是付費，能夠宣揚佛法，太值得了！」

被師父這麼一說，我自然允諾對方，只是當了解到原來博鰲亞洲論壇是怎麼一回事時，開始害怕起來。我能說什麼？他們要問我什麼？如果說得不好，我會不會丟星雲大師的臉、丟佛光山的臉？心裡愈想愈緊張，一直到出發前一天，我緊張到不知所措地去找師父，希望師父能夠為弟子「安心」，指導我該怎麼面對這場論壇，想不到師父竟輕鬆地展開雙臂說：「你一定講得最好！因為全場就你一個人說『佛法』！」

這一幕突然給足了我無比的信心，在展開雙臂的同時，彷彿一切都不再是困難，瞬間從師父的身上得到無比的力量。

果然一路從馬英九總統接見，與吳敦義名譽團長、錢復團長及各大企業領袖無所畏懼地前往海南。在這場大會中，第一次向博鰲會上的代表們，發表了星雲大師教會我的許多觀念，當我提到「慈善，要給人尊嚴」時，引來了全場的掌聲，甚至在大會圓滿後，當地報紙竟以此為刊登的大標題，同時引述了星雲大師對究竟慈善的詮釋，會後還接受了大會的採訪。

回來後，我向大師報告這些過程，只見老人家口說：「Good! Good!」歡喜的模樣，至今仍舊令我難忘。而這段公案讓我深深體會到星雲大師對一個膽怯弟子的激勵與愛護。也正是大師的愛護與信任，佛光山許許多多的比丘尼在弘法的表現上並沒有讓大師失望，或有活躍於大學講壇，或有在世界各地開創道場，或投入媒體為佛教發聲，或跨界服務教化無數眾生，我相信這背後有星雲大師的威德加持，也有弟子們為報答師恩的無限努力。

報恩的行腳：弟子以弘法實踐大師的理念

數千年來在佛教聖典中記載著許多證悟的比丘尼，卻顯少在佛教寺院裡被人提起，更別說能見其像。在佛光山佛陀紀念館菩提廣場上有十八尊羅漢像，這些羅漢形象生動，或坐或立，或著袒右袈裟，或著交領廣袖僧衣，而最引人注意的正是其中的三尊比丘尼，分別是大愛道、蓮花色、妙賢比丘尼。這三位是佛陀時代僧團中最具代表性的比丘尼，對最初成立的比丘尼教團也最有貢獻，而之所以矗立於此，也正是星雲大師為了倡導男女平等，要讓社會大眾認識佛性並無男女之別。曾有媒體記者對第一次看見女羅漢甚感驚訝，還反問：「大師是不是特別偏重女性？」大師卻毫不猶豫地回答：「我只是更偏愛『真理』」！

二〇一八年國際佛光會首度在聯合國婦女地位委員會（CSW）平行會議的分論壇上爭取發表，由永固法師、滿謙法師、覺誠法師、有望法師及我，帶著南非佛光天龍隊的女孩一起上台分享，我們輪流講述著佛教平等的主張，以及星雲大師一生所推動的「人間佛教」如何落實在南非這塊土地上並翻轉無數女孩生命的故事。從那一年起，每年我們分享了在南非、印度、菲律賓到巴西等不同國家地區，透過教育並使其發揮女孩們的天賦，其所帶來的真實改變。同時更以比丘尼為主軸，探討宗教本身理應從落實「平等」著手，今年更以「終身學習」為發表的核心，列舉女性不僅為人妻、為人母、更扮演著從事社會教化，或依其不同專業能力，服務廣大社會並發揮其更大的影響力。

大師圓寂後，佛光山每年的徒眾講習會依舊不間斷地進行，也如過去一般報告著全球各地弘法的經歷，其中紐西蘭住持滿信法師就說出令大家為之鼻酸卻深感認同的一句話：「**看我們有多拚，您就會知道我們對師父的思念有多深！**」

漸漸我終於明白，在外弘法儘管再難再苦，大師對弟子們的愛護與信任，使我們堆疊成無限的力量，成為一座保護眾生的燈塔，為報師恩，繼續前行！

社會人文 BGB597

浩浩師恩

星雲大師的慈悲與願行

浩浩師恩：星雲大師的慈悲與願行 / 覺培法師著 . -- 第一版 . -- 臺北市：遠見天下文化 , 2025.6
344 面 ; 21×14.8 公分 . -- (社會人文 ; BGB597)

ISBN 978-626-417-428-2 (平裝)

1.CST: 釋星雲 2.CST: 佛教 3.CST: 文集

220.7　　114007673

作者 — 覺培法師

副社長兼總編輯 — 吳佩穎
社文館副總編輯 — 郭昕詠
責任編輯 — 張彤華
校對 — 淩午（特約）
封面設計 — 鄒佳幗
內頁排版 — 蔡美芳（特約）
圖片提供 — 國際佛光會

本書由遠見天下文化與佛光文化共同出版

遠見 · 天下文化事業群
出版者 — 遠見天下文化出版股份有限公司
創辦人 — 高希均、王力行
遠見 · 天下文化 事業群榮譽董事長 — 高希均
遠見 · 天下文化 事業群董事長 — 王力行
天下文化社長 — 王力行
天下文化總經理— 鄧瑋羚
國際事務開發部兼版權中心總監 — 潘欣
法律顧問 — 理律法律事務所陳長文律師
著作權顧問 — 魏啟翔律師
社址 — 臺北市 104 松江路 93 巷 1 號

佛光文化
出版者—佛光文化事業有限公司
發行人—心培和尚
社　長—滿觀法師
發　行—佛光山文化發行部（07）656-1921#6664 ～ 6666
佛光文化悅讀網—http://www.fgs.com.tw/index.php
法律顧問—舒建中、毛英富律師
登記證—政院新聞局版台省業字第 862 號

讀者服務專線 — 02-2662-0012 ｜傳真— 02-2662-0007；02-2662-0009
電子郵件信箱 — cwpc@cwgv.com.tw
直接郵撥帳號 — 1326703-6 號　遠見天下文化出版股份有限公司

製版廠 — 東豪印刷事業有限公司
印刷廠 — 祥峰印刷事業有限公司
裝訂廠 — 台興印刷裝訂股份有限公司
登記證 — 局版台業字第 2517 號
總經銷 — 大和書報圖書股份有限公司｜電話 — 02-8990-2588
出版日期 — 2025 年 6 月 30 日第一版第 1 次印行
　　　　　2025 年 7 月 17 日第一版第 3 次印行

定 價 — 450 元
ISBN — 978-626-417-428-2
EISBN — 978-626-417-430-5（EPUB）；978-626-417-431-2（PDF）
書 號 — BGB597
天下文化官網 — bookzone.cwgv.com.tw

本書經佛光山出版審查委員會審查通過，出版許可證字號為佛光審字第 00067 號。

天下文化

BELIEVE IN READING